U0899429

国务院发展研究中心研究丛书 2014

丛书主编 ■ 李 伟

内需增长的支撑

农业转移人口消费特点及发展趋势

The New Supporting Force of China's Domestic Demand Growth

Migrant Workers' Consumption Characteristics and Its Trends

金三林 著

中国发展出版社
CHINA DEVELOPMENT PRESS

图书在版编目（CIP）数据

内需增长的支撑：农业转移人口消费特点及发展趋势/金三林著. 北京：中国发展出版社，2014.8
（国务院发展研究中心研究丛书/李伟主编. 2014）
ISBN 978-7-5177-0177-4

Ⅰ.①内… Ⅱ.①金… Ⅲ.①农村劳动力—劳动力转移—居民消费—研究报告—中国 Ⅳ.①F323.6 ②F126.1

中国版本图书馆CIP数据核字（2014）第133341号

书　　名：内需增长的支撑：农业转移人口消费特点及发展趋势
著作责任者：金三林
出版发行：中国发展出版社
（北京市西城区百万庄大街16号8层　100037）
标准书号：ISBN 978-7-5177-0177-4
经　销　者：各地新华书店
印　刷　者：北京科信印刷有限公司
开　　本：700mm×1000mm　1/16
印　　张：13.5
字　　数：144千字
版　　次：2014年8月第1版
印　　次：2014年8月第1次印刷
定　　价：35.00元

联系电话：（010）68990630　68990692
购书热线：（010）68990682　68990686
网络订购：http：//zgfzcbs.tmall.com//
网购电话：（010）88333349　68990639
本社网址：http：//www.develpress.com.cn
电子邮件：bianjibu16@vip.sohu.com

DRC

2014

国务院发展研究中心研究丛书

编 委 会

“农业转移人口消费特点及群体差异研究”课题组

课题组组长

金三林　国务院发展研究中心农村经济研究部研究员

课题组成员

张江雪　北京师范大学经济与资源管理研究院副教授

朱贤强　国务院发展研究中心信息中心助理研究员

陈志光　天津社会科学院社会学研究所助理研究员

王　欢　国家卫生计生委流动人口管理司副处长

总　序

积极发挥智库作用　全力为改革服好务

国务院发展研究中心主任、研究员　李伟

去年11月召开的党的十八届三中全会，掀开了中国改革开放新的篇章，标志着中国进入全面深化改革的历史新阶段，对于全面建成小康社会、实现中华民族伟大复兴的中国梦具有重大而深远的指导意义。

改革的成功，需要正确的方向和可行的方法。过去三十多年的实践表明，中国特色的改革道路，以“三个有利于”为标准，既坚持了正确的方向，又找到了可行的方法。进入新时期的改革，涉及面更为广泛，调整利益格局更加艰难。我们必须以全球视野、战略思维，深化改革理论研究，密切结合世情国情，积极关注社情民意，科学认识全球结构调整和体制变革的方向、趋势，正确认识和把握民众诉求，遵循经济社会发展的规律，提升驾驭改革的综合能力，确保三中全会提出的各项改革任务圆满完成。为此，需要特别处理好理论指导与实践探索、加强党的统一领导与发挥各方创造性、积极果敢与稳妥推进、效率与公平、经济体制改革与社会体制改革等方面关系。

经济体制改革是全面深化改革的重点，其核心是处理好使市场在资源配置中起决定性作用和更好发挥政府作用的关系，而使市场发挥决定性作用是当前改革的主要矛盾方面。当前，我国经济正处在向中高速增长阶段转换的关键期。增长阶段转换表面上看是速度的换挡与调整，但在本质上是增长动力的转换与接续。我国经济能否在一个新的增长平台上良好运行，规模与质量、速度与效益的关系达到一种新的平衡，关键在于切实转变发展方式和着力培育经济增长新动力。

今年以来，我国在经济下行压力加大、局部风险开始显露的同时，结构调整取得积极进展，表现为服务业发展势头良好，消费对经济增长的贡献提高，就业状况不断改善等。这些积极变化也反映了我国经济正在向新常态平稳过渡。在此情况下，我们要充分地认识到改革举措有供给侧和需求侧之分，有见效慢和见效快之别。在抓好相对慢变量重大改革的同时，适当加大需求侧的改革措施，进一步发挥扩需求、稳增长的作用，与促进需求政策形成合力效应，通过换机制、调结构，着力培育增长新动力。

具体而言，近期，应以调整投资结构、稳定投资增速、化解金融风险为重点，积极推进相关重点领域改革和政策调整。如清理规范地方融资平台，推进地方政府合规融资；发挥政策性金融机构对住房和基础设施建设的支持作用；推动资产证券化，盘活存量；做好舆论引导、风险隔离、社会保障等配套工作，积极化解局部风险；与结构性减税政策相结合，积极推进加速折旧；治理产能过剩，推动产业结构调整等等。

中长期，则应把有利于稳增长、调结构、促转型的重大改革放在优先位置。推动以破除行政性垄断、促进竞争为重点的基础产业领域改革，提高非贸易部门的效率；围绕降低企业综合成本，推动土地、金融、流通、知识产权保护等领域改革，增强企业盈利能力，促进企业转型升级；加快服务业的对内、对外开放，破除各种隐性壁垒，形成平等进入、公平竞争的市场环境；适当提高中央政府债务占 GDP 的比重和当年财政赤字率，利用中央政府的负债潜力，加大社会公共服务设施建设，缓解地方政府和企业现实的债务压力。

十八届三中全会通过的《中共中央关于全面深化改革若干重大问题的决定》明确提出：加强中国特色新型智库建设，建立健全决策咨询制度。去年 4 月和今年 1 月，习近平总书记两次对智库建设和国务院发展研究中心的工作作出重要批示，明确指出智库是国家软实力的重要组成部分，要高度重视、积极探索中国特色新型智库的组织形式和管理方式；要求我们要紧紧围绕推进全面深化改革等重大任务，不断增强综合研判和战略谋划能力，提高决策咨询服务质量和水平。

国务院发展研究中心作为直接为党中央、国务院重大决策提供研究咨询服务的智库机构，在过去一年中，紧紧围绕中央的工作中心，牢牢把握为中央决策服务的根本方向，立足全局、突出重点、发挥优势、创新体制，以深入开展党的群众路线教育实践活动为契机，以全面推进“一流智库”建设为抓手，以提高政策咨询研究的质量和水平为重点，坚持中长期重大课题研究与当前经济社会发展热点难点问题研究相结合，完成了一批具有较高政策价值和较大社会影响力的研究成果，推动形成了一系列经济社会发展新政策新举措，为中央决策服务取得了新成绩。

“国务院发展研究中心研究丛书”迄今已是连续第五年出版。五年来，我们获得了各级领导同志和社会各界读者的热情关注与支持。特别是去年的丛书出版后，受到国务院领导同志的高度肯定。这是对我们继续做好工作的重要鼓励与鞭策。

今年的“国务院发展研究中心研究丛书”共16部著作。其中：《追赶接力：从数量扩张到质量提升》是国务院发展研究中心2013~2014年度的重大研究课题报告，深入分析了中国经济增长方式的转变路径与方法；《中国新型城镇化：道路、模式和政策》、《从城乡二元到城乡一体：我国城乡二元体制的突出矛盾与未来走向》等10部，是国务院发展研究中心各研究部（所）的重点课题研究报告；此外，还有《中国电子商务的发展趋势与政策创新》等5部优秀招标课题研究报告。

这套丛书是国务院发展研究中心过去一年研究成果的优秀代表，但其中可能还存在着种种不足。衷心期望社会各界提出宝贵意见和建议，帮助我们在建设中国特色新型智库、开创政策研究咨询工作新局面、努力为全面深化改革服好务的道路上不断前进，为实现中华民族伟大复兴的中国梦做出新的更大贡献。

2014年8月18日

前言

Preface

2013年，全国农民工总量达到2.69亿人，如果再加上随迁家属等，农业转移人口总量已超过3亿人。这一庞大的群体，现在是，将来更是支撑我国居民消费增长的重要力量。

近年来，农业转移人口家庭收入增长较快。据对8省市16878个农业转移人口及其家庭的调查，2012年农业转移人口家庭年总收入已经高于流入地城镇居民家庭年均可支配收入。但由于农业转移人口享受的公共服务水平低，发展预期不稳定，其消费倾向要低于流入地城镇居民家庭。受此影响，农业转移人口家庭在流入地的消费水平、总消费水平都低于流入地城镇居民家庭。2012年其家庭在流入地的年消费支出均值为27060元，比流入地城镇居民家庭年均消费支出水平（48959元）要低2.2万元左右；家庭年总消费支出均值为38862元，比流入地城镇居民家庭年均消费支出水平仍低1万元左右。

农业转移人口的收入、消费具有明显的跨地域特征。调查数据分析表明，在农业转移人口家庭总收入中，外出务工收入的占比已达76%。同时，在其家庭总消费支出中，在流入地的消费平均已占到70%。这表明，农业转移人口“城市干活，回家花钱”的状况已发生改变。

这种跨地域的收支特征，也决定了农业转移人口家庭支出结构仍具有“生存型”和“顾家型”的特点。食品和房租是农业转移人口在流入地最主要的支出。除举家外出农业转移人口以外，其他群体寄回老家的钱物占比都最高。

农业转移人口家庭消费水平的分层特征明显。举家外出农业转移人口家庭在流入地收入水平与当地城镇居民相当，总收入则高于城镇居民家庭；家庭在流入地消费支出水平低于流入地城镇居民家庭，但总消费水平已接近于城镇居民家庭。第一代和80后农业转移人口家庭在流入地收入水平低于流入地城镇居民，但总收入高于流入地城镇居民；家庭在流入地消费和总消费水平均低于流入地城镇居民。90后农业转移人口家庭收入和消费水平在四类群体中最低，且大大低于流入地城镇居民家庭。

农业转移人口近中期发展意愿与长期养老意愿反差强烈。调查数据分析表明，其未来发展四种意愿呈梯度排列：在流入地长期居住意愿（56%）>往流入地迁户意愿（54.5%）>在流入地购建房意愿（26.6%）>在流入地养老意愿（17.9%）。有超过5成的农业转移人口愿意在流入地长期居住，愿意将户口迁入流入地；但也有近5成的农业转移人口愿意在户籍地县域内（包括县城、镇和村，下同）购房建房，有近6成的农业转移人口愿意在户籍地县域内养老。

因此，从近中期来看，数量巨大的农业转移人口的生活消费将主要集中在流入地（接近60%），住房支出也会有一半左右在流入地，但远期养老消费将主要集中在户籍地县域范围内（也接近60%）。

调查数据分析还表明，收入对农业转移人口家庭消费有重要影响；公共服务水平、居住时间、住房情况对其家庭消费意愿也有重要影响。因此，要提高农业转移人口家庭的消费水平，就要以提升技能和增加财产性收入为重点，促进其持续提高收入水平；还要推进农业转移人口市民化进程，提升公共服务水平，改善居住条件，提高消费倾向。同时，还要适应大多数农业转移人口将来要回到户籍地县域内购建房和养老的趋势，提高县域人口承载能力和养老服务能力。

目　录
Contents

第一章
研究概要及文献综述

一、研究背景

2013 年，全国农民工总量 2.69 亿人（其中，外出农民工 1.66 亿人，本乡镇内就业的农民工 1.03 亿人），如果加上随迁家属及其他类型农业转移人口（如农村户籍的大学毕业生），农业转移人口总量已超过 3 亿人。这一庞大的群体是支撑我国居民消费增长的主要力量，也是将来持续扩大消费的主要支撑力量。

由于难以融入城市，大多数农业转移人口仍具有“候鸟”的迁移特征，平时常年在外，节假日特别是春节返乡。而且，大多数外出农民工在老家都有家庭留守成员，每年仍需将部分外出务工收入带回老家。因此，农业转移人口的收入、消费具有明显的跨地域特征。一些调查曾表明，农业转移人口的家庭收入主要来自务工地，而消费则主要发生在老家。

农业转移人口群体日趋分化，不同群体消费意愿和消费能力有较大差异。比如，举家外出农业转移人口及其家属，数量在 5000

万人左右，大部分家庭在城市有固定的住所和工作，基本融入城市。这一群体农业转移人口收入水平总体较高，消费意愿和消费能力都比较强。而中年以上的第一代农业转移人口（年龄在40岁以上），数量也在1亿人左右，目前在城镇的消费意愿较弱，但如果就近转移为市民，其消费潜力还是很大的。还有新生代农民工，数量在1亿人左右，常年在城市打工，但又具有一定流动性（主要是春节返乡），其思想观念、生活习惯、行为方式已日趋城市化，虽然收入水平总体较低，但消费意愿较强。

农业转移人口流向正在发生深刻变化，“增量转移人口进城与存量转移人口返乡”的双向流动特征日趋明显，对不同地区消费增长的影响重大。随着年龄的增长，相当一部分外出农民工将逐步退出城市劳动力市场，回到家乡就业或创业，也有一部分将回到农村。国家统计局的调查资料显示，40岁以上的第一代农民工所占比重逐年上升，由2008年的30.0%上升到2012年的40.7%。以此计算，目前40岁以上的农业转移人口约有1亿人，其中外出农民工约4000万人，本地农民工约6000万。他们中的大部分将在未来10~15年逐步退出劳动力市场，数量庞大的返乡农民工何去何从，对不同地区消费增长的影响重大。另一方面，农村新增劳动力选择省内转移就业的数量也持续增长，对未来消费增长格局也会产生越来越大的影响。

从理论上来看，关于农业转移人口消费问题的研究也是一个不断深化的过程，很有继续深化研究的必要。

二、文献综述

目前，关于农业转移人口消费的研究有很多，总体上可归结为四个方面。

一是关于农业转移人口消费特点及其与市民差异的研究。研究表明，农业转移人口消费水平低，消费倾向低，消费结构处于初级水平。李善同主持的课题组（2007）发现，外出务工者为了多积攒钱，消费倾向低，多数选择了节衣缩食、仅能维持温饱的生活消费方式，2004 年外出务工者月均生活消费支出为 286 元，占月均收入的 36. 5%。严翅君（2007）测算了江苏八城市农民工的消费倾向为 0. 65，既低于城市居民 0. 69，也低于农村居民 0. 73 的消费倾向。王蔚（2012）发现，四川成都市温江区 946 名流动人口的住房、食品、服装、交通和通信五项基本消费合计占月收入的 2/3，娱乐支出、教育培训支出、人际交往支出非常有限。随着农民工年龄结构的变化和工资的较快增长，农民工消费结构正从简单转向复杂，新生代农民工的食品消费比例明显低于第一代农民工（邢海燕、于伟、陈三妹，2012）；以满足基本生活需求的衣食为主的消费开始扩大，包括手机消费、奢侈品消费、文化娱乐消费，甚至是购车、购房消费（沈蕾、田敬杰，2012）。相关研究还将农业转移人口与农村农民、城市中的下岗人员及其他类型居民的消费情况进行对比（刘程等，2004；徐志旻，2004；严慧，2005），发现农民工的食物、服装、子女教育以及人情开支消费需求弹性比市民大；教育与娱乐消费份额偏低；医疗消费与住房消费特点与市民相似，消费倾向小，但住房支出的价格弹性大（粟娟、孔祥利，2012）。

二是对农业转移人口消费影响因素的研究。现有文献主要从收入、个人因素、社会保障制度以及城乡差别等方面进行分析。刘伟（2011）发现东莞农民工的收入、婚姻状况和家庭负担状况显著影响其消费。随着收入的增加，农民工消费会增加，同时，汇款越多，农民工消费就会越少，系数表现为负值，而婚否也与农民工消费呈反向相关。另外，企业工资制度、社会保障制度等相关制度的健全和完善也是促进农民工消费最有力的保障。潘洪涛、陆林（2008）从收入、家庭结构、个人特点三方面考察影响农民工消费的因素；于丽敏、王国顺（2009）认为，农民工工资支付缺乏保障机制是制约农民工消费的重要因素；幸丽萍（2010）认为，城乡二元结构是制约农民工消费的重要制度背景，包括二元就业制度、二元医疗保障制度、二元教育制度、二元公共投入制度等。

三是农业转移人口消费对扩大内需的作用。韩俊主持的课题组（2011）通过对全国20多个城镇6232名农民工的问卷调查和对重庆等6个城市的实地考察发现，至少有58.8%的农民工打算在城镇定居，其中，40.2%的农民工打算在务工所在城镇定居，只有15.6%的人明确表示愿意回农村定居。并且，农民工市民化已有一定的基础：一是农民工就业的稳定性得到显著提升，流动的“家庭化”趋势明显。根据国家统计局有关数据推算，2009年，农村劳动力转移率已达到45.8%，举家外出的农民工已占外出农民工的20.4%。二是新生代农民工成为主体，融入城市的意愿强烈（韩俊、何宇鹏、金三林，2011）。伴随农业转移人口在城镇安家落户，其消费环境的改善、消费能力的提高和消费意愿的改变，必然会促进其衣、食、住、行等方面的消费升级，大力拉动内需增长。

四是关于农业转移人口消费行为等方面的研究。王劲松（2007）基于社会学视角，指出农民工的消费行为是伴随农民工群体在城市的出现而产生的，其消费行为受到农村传统消费观念和城市居民消费观念的影响。潘洪涛、陆林（2008）从收入、家庭结构、个人特点三个方面考察影响农民工消费行为的因素。此外，还有一些学者分别从闲暇时间支配（胡书芝、吴新慧，2004）、汇款情况（李强，2001）、麦当劳消费（邓智平，2006）、手机消费（杨善华，2006）、医疗消费（侯慧丽，2008）等特殊领域对农民工消费进行研究。

总体来看，关于农民工、流动人口消费问题的研究文献有很多，每篇文献都深化了对这一问题的认识。但农业转移人口消费问题主要还是一项实证性研究，需要依靠大量可靠的数据信息。目前，大多数文献所依赖的都是地区性抽样数据，或国家统计局的住户调查数据。但这些数据客观上存在几个问题：一是抽样数据样本量小，或局限于某一个地区，缺乏代表性；二是很多调查数据只关注了农民工在城市的消费，忽略了其在老家的消费（特别是春节期间在老家的消费）；三是统计部门关于农民工的统计主要是基于输出地调查，纳入农村住户数据信息里，对农民工在流入地的消费情况反映得不是很充分，而且农民工消费数据是综合在家庭生活里面，很难区分出外出农民工和留守家庭成员的消费数据信息。同时，现有研究对农业转移人口群体分化、流向变化等趋势关注较少。因此，要深化对农业转移人口消费问题的研究，必须依靠大样本的数据和典型调查，本课题的研究成果能填补这方面的一些空白。

三、调查样本概况

（一）调查范围和方式

本课题与国家卫生计生委流动人口司进行合作，利用其2013年8城市流动人口动态监测调查数据开展研究。本次调查按照兼顾东、中、西部不同类型城市的原则，选择上海市松江区、江苏省无锡市和苏州市、福建省泉州市、湖北省武汉市、湖南省长沙市、陕西省西安市和咸阳市进行典型调查。样本分布情况是：长沙市1576份，泉州市2397份，上海市1653份，苏州市6854份，无锡市2418份，武汉市1256份，西安市653份，咸阳市71份，合计16878份。这8个城市的典型调查数据有乡—城流动人口在流入地和老家的综合消费信息，并且有城市户籍居民的消费信息，为课题研究提供了新鲜、详实、科学的数据资料。

课题组全程参与了相关问卷、调查方案的设计工作，承担了上海松江区的具体调查任务，并参加了武汉、苏州的调研，开展了消费方面的详细调查和深度访谈，获取了大量第一手的信息，使研究成果更具有科学性。

（二）调查样本的总体特征

8城市调查收集的有效样本为16878个。从有效样本看，调查的农业转移人口具有以下基本特征。

1970 年之后出生的农业转移人口是主体。本次调查的被访者主要集中在 20 ~ 40 岁之间，其中，20 世纪 80 年代出生的人占比最高，为 41%；70 年代出生的人占 30.5%；1970 年之前出生的人和 1990 年之后出生的人分别占 13.2% 和 15.4%。这表明，我国农业转移人口中 20 世纪 70 年代以后出生的人为主体，特别是出生在 1980 年之后的新生代农业转移人口占农业转移人口的总比重已超过一半，达到 56.4%。样本中，男性为 51.1%，女性为 48.9%，与六普数据基本一致（六普显示，我国男性占 51.3%，女性占 48.7%）。已婚的农业转移人口比例为 80.5%；未婚的比例为 19.5%，主要是 90 后。

有 7 成农业转移人口携带配偶或子女外出。调查结果显示，78% 的农业转移人口携带配偶外出务工；73% 携带子女外出务工，72% 同时携带配偶和子女外出务工。

文化程度总体上不高。调查结果显示，农业转移人口中仅一成左右（10.5%）的学历在大学专科及以上，65.9% 为初中及以下，高中和中专学历的比重分别为 15.4% 和 8.1%。可见，农业转移人口文化程度总体上处于较低水平。

流动范围以跨省流动为主，在流入地工作长期化趋势明显。调查的农业转移人口流动范围以跨省流动为主，占比达 64%；省内跨市的占 30.6%；市内跨县的仅为 5.4%。农业转移人口在流入地工作呈长期化趋势，51.4% 的农业转移人口在流入地工作超过 3 年以上，其中，在流入地持续工作 6 ~ 10 年和 10 年以上的分别占 23.6% 和 11.6%。26.8% 的农业转移人口在流入地工作持续时间为

1～3 年，两成左右（21.8%）在流入地工作持续时间在 1 年以内。

就业主要集中在劳动密集型行业，以私营企业和个体工商户雇员为主。超过一半的农业转移人口集中在制造业和建筑业就业，占比分别为 47.3% 和 5.6%。在批发零售、住宿餐饮和社会服务等第三产业就业的农业转移人口占比分别为 15.4%、8.7%、8.4%；在其他行业就业的农业转移人口占比均较低。72% 的农业转移人口在个体工商户和私营企业就业，在港、澳、台企业和中外合资企业就业的比重分别为 6.7% 和 6.6%，在机关事业单位、国有企业、集体企业就业的比例均在 3% 以下。近 7 成农业转移人口的就业身份为雇员，占比为 69.8%。农业转移人口中自营劳动者比例为 21.8%，已成为重要组成部分。就业身份为雇主和家庭帮工的占比较低，分别为 5.8% 和 2.7%。

（三）数据处理方法

本报告从流入地、老家以及全部（流入地和老家情况加总）三个角度全面考察农业转移人口的收入和消费特点。

在收入方面，调查问卷对被访者的家庭在流入地月收入、家庭在老家年收入进行了提问，本报告中家庭年总收入是根据流入地和老家的调查数据计算而来。参照国家统计局的《全国农民工监测调查报告》，按照 10 个月计算农业转移人口家庭在流入地的生活时间，并以此计算其家庭在流入地的收入，再与家庭在老家的年收入进行加总，计算出家庭年总收入。

在消费支出方面，调查问卷对被访者家庭在流入地月消费支出、家庭在老家年消费支出进行了提问，本报告中家庭年总消费支出是根据流入地和老家的数据计算而来。同样按照10个月计算农业转移人口家庭在流入地的年消费支出，与家庭在老家的年消费支出进行加总，即可计算家庭年总消费支出。

在消费倾向方面，首先分别计算每位被访者的流入地消费倾向、老家消费倾向和总消费倾向。流入地消费倾向等于家庭在流入地月消费支出与家庭在流入地月收入的比值；老家消费倾向等于家庭在老家年消费支出与家庭在老家年收入的比值；总消费倾向等于家庭年总消费支出与家庭年总收入的比值。

对于调查样本收入、消费支出、消费倾向等指标的均值，是先分组，再计算各组均值，然后再加权计算总体均值。

为便于比较，本报告还计算了8城市所在省市（共计6个省市）城乡居民家庭收入、消费水平。首先，根据六普数据中各省市城乡家庭平均规模，以及2012年城乡家庭人均收入和支出水平，分别计算出6省市城乡居民家庭平均年收入和支出水平，再在此基础上计算6省市均值，即可得到8城市城乡居民家庭的平均收入和消费支出水平。

另外，需要特别说明的是，由于同一变量的数据，不同样本的缺失情况不同，因此该变量总样本的均值也不严格等于分样本的均值。

本报告所使用的数据，如无特别说明，农业转移人口数据均来自国家卫生计生委流动人口计划生育服务管理司2013年8城市流动人口动态监测调查数据，其他数据均来自于相关《统计年鉴》《统计公报》或其他正式公开的信息渠道。

四、农业转移人口四类群体的划分

由于农业转移人口的群体日趋分化，不同群体的消费水平、消费意愿有较大差异，本报告根据农业转移人口的迁移类型和年龄段，将其划分为四个群体①：

第一类是举家外出农业转移人口，其家庭大部分在城市有固定的住所和工作，基本融入城市。这一群体收入水平总体较高，消费意愿和消费能力都比较强。该群体主要是携带配偶和子女，并且携带了全部子女的人，不包含无子女的新婚小夫妻。本课题的调查样本中，举家外出的农业转移人口样本总量为7086个，占总样本（16878个）的41.98%。

第二类是第一代农业转移人口，也就是20世纪80年代以前出生的农业转移人口。这一群体未来10～15年将退出城镇劳动力市场，如果返乡后能就近转移为市民，其消费潜力还是很大的。本课题的调查样本中，第一代农业转移人口的样本总量为7535个，占总样本（16878个）的44.64%。

第三类是80后农业转移人口，即1980～1989年出生的农业转移人口，年龄在25～35岁之间，属于新生代农民工，大多常年在城市打工，有一定的经济基础，但又具有一定流动性（主要是春节

① 这种划分是为了研究方便，但举家外出与另外三类群体有一定的交叉性。所以，四类群体的占比数据总和不等于100%。

返乡)，其思想观念、生活习惯、行为方式已日趋城市化，收入水平较高，消费意愿较强。本课题的调查样本中，80 后农业转移人口的样本总量为6825 个，占总样本（16878 个）的40.44%。

第四类是90 后农业转移人口，即1990 年及以后出生的农业转移人口，年龄在20 岁左右，也属于新生代农民工，但流动性更强，影响消费的不确定因素更多。本课题的调查样本中，90 后农业转移人口的样本总量为2518 个，占总样本（16878 个）的14.92%。

五、研究重点及主要创新点

（一）研究重点

本课题利用2013 年国家卫生计生委流动人口计划生育服务管理司对8 省市流动人口的动态监测调查数据[①]，对我国农业转移人口的消费特点及影响因素、群体差异、人口流向及消费地域进行了系统分析。研究重点主要包括四个方面：一是分析农业转移人口家庭的消费水平、消费结构、消费倾向等方面的特点，并从经济、社会、人口三个方面分析影响农业转移人口消费的主要因素；二是分析四类不同群体的消费水平、消费意愿，研究农业转移人口消费特点的群体差异；三是结合农业转移人口未来发展意愿、流动去向，研究农业转移人口消费潜力未来将主要在哪里释放；四是从推进农

① 该调查的流动人口范围较广，包括农民工，城—城流动人口，以及农村户籍大中专毕业生等。本课题选取的样本是户籍地为农村的流动人口。

业转移人口市民化的大趋势出发，提出进一步释放农业转移人口消费水平的政策建议。

（二）主要创新点

本报告的创新性主要体现在四个方面。

一是利用大样本第一手调查数据开展研究。与统计部门及其他类似研究相比，本课题所使用的数据有三个鲜明特点：第一是基于流入地的入户调查；第二是样本量大，达到1.6万多个，涵盖8个代表性的城市；第三是全口径，不仅包括农业转移人口家庭在流入地的收入及消费支出情况，还包括其家庭在老家的收入、消费情况，以及家庭总的收入、消费情况。在研究过程中，课题组人员还深入一些城市进行入户访谈，增强了感性认知。

二是全面分析了农业转移人口家庭收入和消费支出的跨地域特征。基于全口径的收入、消费支出数据，研究了农业转移人口家庭在流入地、在老家的收入支出情况，及其对家庭总收入支出的贡献。分析表明，在农业转移人口家庭总收入中，外出务工收入的贡献还在提高。而且，在其家庭总消费支出中，在流入地的消费平均已占到70%，农业转移人口“城市干活，回家花钱”的状况已发生改变。

三是着重分析了农业转移人口消费特点的群体差异。根据农业转移人口年龄、迁移方式的不同，将其划分为四类群体：举家外出农业转移人口、第一代农业转移人口（1980年以前出生）、80后农业转移人口（1980~1989年出生）、90后农业转移人口（1990年以后出生）。分析表明，这四类群体的消费水平、消费倾向、消费影响因素均有较大差异。总体来看，举家外出农业转移人口在流入地的收入/消费支出水平和家庭总收入/消费支出水平都是最高的，流入地收入/消费支出的占比也是最高的；90后农业转移人口则都是最低的；80后农业转移人口的收入/消费支出水平总体较高，流入地的占比也较高；第一代农业转移人口在流入地的收入水平和占比较高，但在流入地的消费水平和占比相对较低，而在老家的消费倾向最高。职业稳定性、参加社保情况、文化程度对其他三类农业转移人口的影响较大，但对90后农业转移人口的影响不大。

四是较详细地分析了农业转移人口的未来发展意愿及消费发展趋势。本报告将发展意愿划分为四个方面：长期居住意愿，迁户意愿，购房建房意愿，养老意愿。分析表明，农业转移人口的这四种意愿呈梯度排列：在流入地长期居住意愿>往流入地迁入户口意愿>在流入地购房建房意愿>在流入地养老意愿。有超过5成的农业转移人口愿意在流入地长期居住，愿意将户口迁入流入地；但也有近5成的农业转移人口愿意在户籍地县域内（包括县城、镇和村）购房建房，有近6成的农业转移人口愿意在户籍地县域内养老。尽管农业转移人口未来发展意愿还会随着收入水平、享受公共服务水平、落户政策的影响而改变，但从近中期来看，数量巨大的农业转移人口的生活消费将主要集中在流入地，住房支出也会有一半左右在流入地，而远期养老消费将主要集中在户籍地县域范围内。

第二章
农业转移人口家庭消费总体特点及主要影响因素

本部分依据2013年国家卫生计生委关于8城市流动人口动态监测的调查数据，分析了农业转移人口总体消费特点，并分析了收入等因素对于农业转移人口消费的影响。考虑到农业转移人口存在的“城市干活，回家花钱”现象，特别分析了农业转移人口家庭收入和消费支出的跨地域特征，以期更加全面地研究农业转移人口的消费情况。

一、农业转移人口家庭收入水平及地域来源结构

（一）农业转移人口家庭收入水平总体较高，外出务工是主要收入来源

1. 农业转移人口在流入地收入水平稳步增长

近年来，随着最低工资标准的上升和劳动力供求关系的转变，

农业转移人口在流入地的收入呈现较快增长态势，人均月收入从2010年的1847元提高到2012年的3196元[①]。根据2013年国家卫生计生委流动人口司对8城市流动人口动态监测调查数据，2012年农业转移人口家庭在流入地月收入均值为6245元[②]。按收入分组来看，其中超过1/3的农业转移人口在流入地的家庭月收入达到4001～6000元，收入水平在2001～4000元和6001～9999元的各占1/5左右，在2000元以下的仅占5%，11%的农业转移人口在流入地家庭月收入超过10000元。

表2.1　农业转移人口家庭在流入地月收入情况

收入水平（元）	数量（户）	占比（%）
2000及以下	790	5
2001～4000	4676	28
4001～6000	5862	35
6001～9999	3539	21
10000及以上	1897	11
合　计	16764	100
缺　失	114	

2. 农业转移人口在老家的年收入低于全国农村居民家庭年收入水平

调查结果显示，2012年农业转移人口家庭在老家的年收入均值为19628元，是2012年全国农村居民家庭年均收入（30875元）的63%。

① 数据来源于历年《中国流动人口发展报告》。
② 按照各收入分组人数权重进行加权平均，下同。

3. 农业转移人口家庭年总收入水平较高

农业转移人口每年在城市务工按 10 个月算，其家庭年总收入即为 10 个月的务工收入与其家庭在老家的年收入之和。计算结果表明，农业转移人口家庭年总收入均值达到 81334 元，其中，将近 7 成的农业转移人口家庭年总收入超过 6 万元，大大超过全国农村居民家庭年均收入。

表 2.2　农业转移人口家庭年总收入情况

收入水平（元）	数量（户）	占比（%）
35000 及以下	1151	8
35001 ~ 60000	4911	33
60001 ~ 100000	5895	40
100001 ~ 299999	2620	18
300000 及以上	187	1
合　计	14764	100
缺　失	2114	

4. 流入地务工收入成为农业转移人口家庭收入的主要来源

调查结果表明，农业转移人口家庭年总收入均值为 81334 元①，其中，外出务工收入（即家庭在流入地年收入）均值为 62450 元，占家庭年总收入的 76%；在老家的年收入均值为 19628 元，占家庭年总收入的 24%。这表明，农业转移人口家庭在流入地的务工收入成为其家庭年总收入的主要来源。

① 家庭年总收入由流入地收入和老家收入加总获得，由于存在调查缺失值，家庭年总收入均值不完全等于流入地收入、老家收入的均值之和。

（二）农业转移人口家庭在流入地年收入要低于当地城镇居民家庭，但家庭总收入略高于城镇居民家庭

根据六普统计数据，以及各地统计公报，2012 年上海等 6 省（市）[①] 城镇居民家庭年均可支配收入为 72796 元，农村居民家庭年均总收入为 30528 元。

2012 年农业转移人口家庭在流入地的年收入均值 62450 元，比 6 省（市）城镇居民家庭可支配收入均值低 10346 元，比 6 省（市）农村居民家庭年收入均值高 31922 元。

但农业转移人口家庭年总收入均值 81334 元，比 6 省（市）城镇居民家庭可支配收入均值高 8538 元，比 6 省（市）农村居民家庭年收入均值高 50806 元。

表 2.3　2012 年 6 省（市）城乡居民家庭收入情况　单位：元

地　区	城镇居民家庭收入均值	农村居民家庭收入均值
上　海	101273.76	41240.37
江　苏	83392.37	36972.06
湖　北	58767.64	26695.81
湖　南	61611.91	26337.60
陕　西	55981.80	20401.02
福　建	75748.50	31495.72
平均值	72796.00	30523.76

（三）不同农业转移人口群体的收入水平存在明显差异

从四类群体的家庭在流入地年收入均值来看，最高的是举家外

① 由于 8 城市中苏州、无锡均属于江苏省，西安、咸阳均属于陕西省，所以采用 6 省（市）数据。

出农业转移人口，为70480元；其次是第一代农业转移人口，为64400元；第三是80后农业转移人口，为61980元；最低的是90后农业转移人口，为42930元。从四类群体的家庭在老家年收入均值来看，最高的是90后农业转移人口，为23764元；其次是80后农业转移人口，为19907元；第三是第一代农业转移人口，为14623元；最低的是举家外出农业转移人口，为13828元。从四类群体的家庭年总收入均值来看，最高的也是举家外出农业转移人口，为83645元；其次是80后农业转移人口，为81525元；第三是第一代农业转移人口，为78474元；最低的是90后农业转移人口，为66626元。

举家外出农业转移人口家庭在流入地年收入和家庭年总收入均明显高于其他群体，其在老家的年收入则最低。90后农业转移人口由于缺乏工作经验，以及尚未成家等原因，家庭在流入地收入水平明显低于其他农业转移人口。

表2.4　　不同农业转移人口群体收入水平比较　　单位：元

类　别	流入地年收入均值	老家年收入均值	家庭年总收入
举家外出农业转移人口	70480	13828	83645
第一代农业转移人口	64400	14623	78474
80后农业转移人口	61980	19907	81525
90后农业转移人口	42930	23764	66626
农业转移人口	62450	19268	81334

二、农业转移人口家庭消费支出水平及地域结构

（一）农业转移人口家庭的消费水平不断提高，并以在流入地消费为主

1. 农业转移人口在流入地消费支出水平不断提高

近年来，随着收入水平和物价水平的上升，农业转移人口在流入地的消费水平呈现较快增长态势，从2010年的人均月支出799元提高到2012年的1155元[①]。调查结果显示，2012年8城市农业转移人口在流入地家庭月支出均值为2706元。按消费分组来看，超过3/4的农业转移人口在流入地月支出在3000元以下，其中近5成月支出水平为1000~2000元，月支出在3001~4999元和5000元以上的占比分别为13%和11%。

表2.5　　农业转移人口家庭在流入地月支出情况

消费水平（元）	数量（户）	占比（%）
1000及以下	2087	12
1001~2000	6160	37
2001~3000	4500	27
3001~4999	2247	13
5000及以上	1803	11
合　计	16797	100
缺　失	81	

① 数据来源于历年《中国流动人口发展报告》。

2. 农业转移人口在老家的年消费支出是全国农村居民家庭年均消费水平的一半

调查结果显示，2012 年农业转移人口家庭在老家的年消费支出均值为 12139 元，是全国农村居民家庭年均消费支出水平 23041 元的 53%。

3. 农业转移人口家庭年总消费支出水平已经不低

2012 年，农业转移人口家庭年总消费支出均值为 38862 元，其中超过一半的家庭年总消费支出总额在 3 万元以上。

表 2.6　　农业转移人口家庭年总消费支出情况

支出水平（元）	数量（户）	占比（%）
15000 及以下	1042	7
15001～30000	5726	38
30001～50000	5395	36
50001～99999	2258	15
100000 及以上	472	4
合　计	14893	100
缺　失	1985	

4. 农业转移人口在流入地的消费支出已超过其在老家的消费支出

调查结果表明，农业转移人口家庭年总消费支出均值为 38862 元[①]，其中，家庭在流入地年消费支出总额均值为 27060 元，占家

① 家庭年总消费由流入地收入和老家消费加总获得，由于存在调查缺失值，家庭年总消费均值不完全等于流入地消费、老家消费的均值之和。

庭年总消费支出的70%；在老家的年消费支出均值为12139元，占家庭年总消费支出的30%。这表明，农业转移人口在流入地的消费支出已高于在老家的消费支出。由于城市生活成本的提高，以及农业转移人口发展意愿的变化，农业转移人口“城市干活，回家花钱”的状况已发生改变。

（二）农业转移人口家庭在流入地消费水平及总消费水平都低于流入地城镇居民家庭

根据六普统计数据，以及各地统计公报，2012年上海等6省（市）城镇居民家庭年均消费支出均值为48959元，农村居民家庭年均消费支出均值为22773元。

农业转移人口家庭在流入地年消费支出均值27060元，比6省（市）城镇居民家庭年消费支出均值低21899元；比6省（市）农村居民家庭年均消费支出均值高4287元。

农业转移人口家庭年总消费支出均值38862元，比6省（市）城镇居民家庭消费支出均值低10097元；比6省（市）农村居民家庭年均消费支出均值高16089元。

这表明，随着农业转移人口收入水平的提高，其家庭消费支出水平显著上升，但与流入地城镇居民相比，农业转移人口的消费能力仍然较弱。

表2.7　2012年6省（市）城乡居民家庭消费支出情况　单位：元

地　区	城镇居民家庭支出	农村居民家庭年支出
上　海	66157.56	28667.52
江　苏	52898.25	26224.65

续表

地　区	城镇居民家庭支出	农村居民家庭年支出
湖　北	40878.72	19471.80
湖　南	42220.01	20779.80
陕　西	41399.10	18107.10
福　建	50201.10	23390.32
平均值	48959.12	22773.53

（三）不同农业转移人口群体的消费支出水平存在明显差异

从四类群体的家庭在流入地年消费支出均值来看，最高的是举家外出农业转移人口，为 33410 元；其次是第一代农业转移人口，为 28620 元；第三是 80 后农业转移人口，为 27630 元；最低的是 90 后农业转移人口，为 18820 元。从四类群体的家庭在老家年消费支出均值来看，最高的是 90 后农业转移人口，为 13279 元；其次是 80 后农业转移人口，为 11825 元；第三是第一代农业转移人口，为 10144 元；最低的是举家外出农业转移人口，为 8418 元。从四类群体的家庭年总消费支出均值来看，最高的也是举家外出农业转移人口，为 41393 元；其次是 80 后农业转移人口，为 39104 元；第三是第一代农业转移人口，为 38469 元；最低的是 90 后农业转移人口，为 32044 元。

由于举家外出农业转移人口在流入地家庭人口较多，其在流入地的消费支出和家庭年总消费支出水平明显高于其他群体，其在老家的消费支出水平则低于其他群体。90 后农业转移人口由于大部分尚未成立家庭，收入水平较低，所以其支出水平明显低于其他农业转移人口。

表 2.8 不同农业转移人口消费支出水平 单位：元

类 别	流入地年消费支出均值	老家年消费支出均值	家庭年总消费支出均值
举家外出农业转移人口	33410	8418	41393
第一代农业转移人口	28620	10144	38469
80 后农业转移人口	27630	11825	39104
90 后农业转移人口	18820	13279	32044
农业转移人口	27060	12139	38862

三、农业转移人口家庭消费倾向

（一）农业转移人口家庭在老家的消费倾向明显高于流入地

调查数据表明，农业转移人口家庭在流入地、老家、家庭总消费倾向分别是0.494、0.877 和0.531。由于农业转移人口，特别是未举家外出的农业转移人口，要承担老家的父母养老、子女教育、医疗等支出，负担较重；而在流入地的主要支出是生活必需品，负担相对较轻。因此，农业转移人口在老家的消费倾向要高于其在流入地的消费倾向和家庭总消费倾向。

（二）农业转移人口家庭在流入地的消费倾向缓慢上升

根据2011～2013 年流动人口动态监测数据，2010 年、2011 年、2012 年农业转移人口在流入地家庭平均消费倾向分别为0.47、

0.46、0.49，总体呈缓慢上升态势。

（三）农业转移人口家庭消费倾向明显低于流入地农村和城镇居民家庭消费倾向

由于收入不稳定、社会保障不完备等原因，农业转移人口必须提高储蓄，加强自我保障，所以其消费倾向总体较低。调查表明，农业转移人口家庭总消费倾向（0.531），比6省（市）的农村居民家庭消费倾向（0.76）和城镇居民家庭消费倾向（0.68）都要低。

表2.9　6省（市）城镇居民、农村居民以及农业转移人口家庭消费倾向

地　区	城镇居民家庭消费倾向	农村居民家庭消费倾向
上　海	0.65	0.70
江　苏	0.63	0.71
湖　北	0.70	0.73
湖　南	0.69	0.79
陕　西	0.74	0.89
福　建	0.66	0.74
平均值	0.68	0.76

（四）农业转移人口群体之间的消费倾向存在差异

从四类群体的流入地消费倾向来看，最高的是举家外出农业转移人口，为0.534；其次是第一代农业转移人口，为0.495；第三是90后农业转移人口，为0.494；最低的是80后农业转移人口，为0.493。从四类群体的老家消费倾向来看，最高的是第一代农业转移人口，为1.103；其次是举家外出农业转移人口，为0.822；

第三是80后农业转移人口，为0.734；最低的是90后农业转移人口，为0.683。从四类群体的总消费倾向来看，最高的是举家外出农业转移人口，为0.552；其次是第一代农业转移人口，为0.544；第三是80后农业转移人口，为0.521；最低的是90后农业转移人口，为0.520。

由于举家外出农业转移人口的收入水平较高，在流入地的支出刚性较大，因此，相比于其他群体，其在流入地的消费倾向最高，总的消费倾向也最高。第一代农业转移人口由于在老家的负担较重，其在老家的消费倾向最高。

表2.10　　不同农业转移人口的消费倾向情况

	流入地平均消费倾向	总的平均消费倾向	老家平均消费倾向
举家外出农业转移人口	0.534	0.552	0.822
第一代农业转移人口	0.495	0.544	1.103
80后农业转移人口	0.493	0.521	0.734
90后农业转移人口	0.494	0.520	0.683
农业转移人口	0.494	0.531	0.877

四、农业转移人口家庭消费支出结构

（一）农业转移人口家庭支出结构仍具有“生存型”和“顾家型”特点

农业转移人口在流入地的支出中，主要是食品支出和寄回老家支出，其次为房租支出。其中，食品支出和房租支出合计超过其家庭在流入地支出的5成。

表2.11　　农业转移人口在流入地消费结构①（%）

<table>
<tr><th colspan="2">消费类别</th><th>占家庭流入地消费比重</th><th>占家庭年总支出消费比重</th></tr>
<tr><td colspan="2">流入地食品支出</td><td>43.40</td><td>30.79</td></tr>
<tr><td colspan="2">流入地房租支出</td><td>21.74</td><td>16.22</td></tr>
<tr><td rowspan="2">流入地用于学习、培训、教育的支出</td><td>本人及配偶</td><td>3.13</td><td>1.97</td></tr>
<tr><td>子　女</td><td>11.28</td><td>8.55</td></tr>
<tr><td colspan="2">流入地家庭交通、通讯费支出</td><td>10.95</td><td>7.58</td></tr>
<tr><td rowspan="2">流入地医疗相关支出</td><td>本　人</td><td>1.64</td><td>1.09</td></tr>
<tr><td>其他成员</td><td>2.37</td><td>1.70</td></tr>
<tr><td colspan="2">流入地请客送礼支出</td><td>5.21</td><td>3.53</td></tr>
<tr><td colspan="2">寄回老家的钱（物）</td><td>46.64</td><td>26.62</td></tr>
</table>

（二）不同农业转移人口群体的消费结构存在差异

从各个农业转移人口群体消费构成来看，食品支出、寄回老家的钱（物）和房租均为主要消费；其次是教育、交通通讯支出等。第一代农业转移人口寄回老家的钱（物）最多，举家外出农业转移人口最低。80后和90后的新生代农业转移人口的交通通讯支出明显高于举家外出和第一代农业转移人口。举家外出和第一代农业转移人口用于学习培训教育的支出（含本人及配偶子女）占比最高，分别为17.65%和15.50%。

① 由于样本统计数据存在一定偏差，并存在缺失值，所以各项支出占比并不等于100%。

表 2.12　不同群体的农业转移人口消费支出占流入地消费支出比例的情况（%）

群体	食品支出	房租	用于学习、培训、教育的支出		家庭交通、通讯费支出	在本地医疗相关支出		请客送礼支出	寄回老家的钱（物）
			本人及配偶	子女		本人	其他成员		
举家外出农业转移人口	42.03	22.87	2.64	15.01	9.94	1.66	3.29	5.25	23.8
第一代农业转移人口	43.31	21.67	2.11	13.39	10.57	1.75	2.52	5.32	48.86
80 后农业转移人口	42.94	22.83	3.65	9.1	11.03	1.68	2.64	5.38	44.36
90 后农业转移人口	44.89	19.02	4.76	2.5	11.91	1.15	1.2	4.42	46.12
农业转移人口平均水平	43.40	21.74	3.13	11.28	10.95	1.64	2.37	5.21	46.64

五、影响农业转移人口家庭消费的主要因素

（一）收入是影响农业转移人口家庭消费支出的重要因素

农业转移人口收入水平对其在流入地消费和其家庭全年消费均具有显著影响。对比分析农业转移人口在流入地各收入水平的支出发现，随着收入水平的提高，农业转移人口在流入地的消费支出明显增加，月收入在 2000 元以下的农业转移人口家庭在流入地支出分别为月收入在 2001～4000 元、4001～6000 元、6001～9999 元以及 1 万元及以上农业转移人口支出的 72%、50%、40%、22%。

表 2.13　农业转移人口在流入地收入对支出的影响　单位：元

本地月收入	流入地月消费均值
2000 及以下	12590
2001～4000	17250
4001～6000	24730
6001～9999	31460
10000 及以上	56440

家庭年总消费支出也是如此。家庭年总收入在35000元以下的农业转移人口家庭，年总消费支出分别为其他各收入水平家庭年总消费支出的70%、52%、30%以及17%。

表2.14　　家庭年总收入对消费支出的影响　　单位：元

年收入	家庭年总消费支出均值
35000及以下	19668
35001~60000	28220
60001~100000	38054
100001~299999	64307
300000及以上	111447

（二）农业转移人口家庭购买住房后支出水平明显提高

从住房情况来看，已购商品房和政策性保障房的农业转移人口在本地的月支出以及其家庭全年总支出均值明显高于其他性质住房的农业转移人口。

表2.15　　住房性质对消费支出的影响　　单位：元

现住房性质	流入地消费支出均值	家庭年总消费支出均值
租住单位/雇主房	20850	36441
租住私房	26860	37067
政府提供廉租房	24080	35696
政府提供公租房	24800	36075
单位/雇主提供免费住房	16940	36209
已购政策性保障房	36940	41100
已购商品房	45060	55078
借住房	29210	43559
就业场所	34280	44627
自建房	31810	45328
其他非正规居所	25930	33370

（三）职业的稳定性与家庭消费支出水平明显正相关

调查显示，职业为国家机关、党群组织、企事业单位负责人，专业技术人员，公务员、办事人员和有关人员的农业转移人口，其在流入地的月支出水平及家庭总支出水平均明显高于其他职业的农业转移人口。

表 2.16 职业对消费支出的影响 单位：元

主要职业	流入地消费支出均值	家庭年总消费支出均值
国家机关、党群、企事业单位负责人	41530	54500
专业技术人员	31440	46748
公务员、办事人员和有关人员	36320	55057
经　商	39820	48034
商　贩	30050	38061
餐　饮	27260	37089
家　政	26610	32433
保　洁	23480	32078
保　安	19910	34435
装　修	2879	40280
其他商业、服务业人员	27850	40315
农、林、牧、渔、水利业生产人员	23510	31012
生　产	19910	33882
运　输	28430	37344
建　筑	27610	42209
其他生产、运输设备操作人员及有关人员	22090	34412
无固定职业	23320	31953
其　他	32900	45203

（四）社保情况的差异对农业转移人口家庭支出水平有着显著影响

通过比较分析农业转移人口在流入地参加社保情况，可以看出，参加城镇养老保险、城镇职工医保、城镇居民养老保险、商业医保、生育保险以及住房公积金的农业转移人口，其无论是在本地的支出水平，还是家庭年总支出水平，均显著高于未参加有关保险的农业转移人口。而是否参加工伤保险和失业保险对于农业转移人口的支出水平没有明显影响。

这表明，城镇养老保险、城镇职工医保、城镇居民养老保险、商业医保、生育保险以及住房公积金等社会保障政策对农业转移人口的消费预期有着明显的影响。

表 2.17　本地社会保障情况对消费支出的影响　　单位：元

本地社会保障类型	流入地消费支出均值		家庭年总消费支出均值	
	参　加	未参加	参　加	未参加
城镇养老保险	28320	26690	40575	38294
城镇职工医保	27270	27070	39692	38571
城镇居民医保	33340	26980	49059	38629
商业医保	34010	26790	46856	38546
工伤保险	25860	27740	39390	38738
失业保险	28190	26840	40772	38372
生育保险	28680	26870	40622	38663
住房公积金	31130	26660	43517	38148

（五）在流入地时间越长，农业转移人口的支出水平越高

农业转移人口的支出水平随着在流入地持续工作时间的增加而

增长。分析表明，在流入地持续工作居住1年以下的农业转移人口的月支出分别为1～3年、4～5年、5年以上农业转移人口的80%、71%、66%，其家庭年总支出为分别为其他群体的92%、85%、83%。

表2.18　流入地居住时间对消费支出的影响　单位：元

居住时间	流入地消费支出均值	家庭年总消费支出均值
1年以内	20290	35114
1～3年	25330	37387
4～5年	28510	40216
5年以上	30690	41277

（六）雇员的支出水平明显低于雇主及其他就业身份的农业转移人口

雇员在流入地支出水平最低，均值为22710元，其家庭年总支出均值为36266元。雇主支出水平最高，在流入地以及家庭年总支出分别为雇员的1.85倍和1.48倍。自营劳动者以及家庭帮工在流入地月支出分别比雇员高出47%和67%，家庭全年支出则分别高出18%和32%。

表2.19　就业身份对消费支出的影响　单位：元

就业身份	流入地消费支出均值	家庭年总消费支出均值
雇　员	22710	36266
雇　主	42220	51963
自营劳动者	33480	41798
家庭帮工	38010	46590

（七）不同年龄段的农业转移人口支出水平存在明显差异

由于子女教育、家庭规模等因素，20 世纪 70 年代和 80 年代出生的农业转移人口在流入地以及家庭总支出水平明显高于 20 世纪 70 年代之前出生的农业转移人口，而 90 后农业转移人口的绝对支出水平则是最低的。

表 2.20　　农业转移人口年龄对消费支出的影响　　单位：元

出生年代	流入地消费支出均值	家庭年总消费支出均值
1970 年前	27560	39127
1970～1980	29330	39486
1980～1990	28390	40510
1990 年后	18540	32942

本章小结

农业转移人口家庭在流入地年收入要低于当地城镇居民家庭，家庭年总收入已略高于当地城镇居民家庭。调查数据显示，2012 年农业转移人口家庭在流入地年收入均值为 62450 元，低于流入地城镇居民家庭年均可支配收入（72796 元）；但加上在老家的收入后，其家庭年总收入均值达到 81334 元，高于流入地城镇居民家庭年均可支配收入。

但由于消费倾向较低，农业转移人口家庭在流入地消费水平、总消费水平都低于流入地城镇居民家庭。调查表明，2012 年农业转移人口家庭在流入地消费倾向、总消费倾向分别是0.494和0.531，低于流入地城镇居民家庭消费倾向（0.68）。当年农业转移人口家庭在流入地年消费支出总额均值为27060元，低于流入地城镇居民家庭年均消费支出水平（48959元）；家庭年总消费支出均值为38862元，仍低于流入地城镇居民家庭年均消费支出水平。

农业转移人口家庭收入及消费具有较强的跨地域特征。调查数据分析表明，农业转移人口家庭总收入中，外出务工收入的贡献还在提高，2012年占比已达76%。同时，在其家庭总消费支出中，在流入地的消费平均已占到70%，农业转移人口“城市干活，回家花钱”的状况已发生改变。

农业转移人口家庭支出结构仍具有“生存型”和“顾家型”特点。受城市食品价格、住房成本上涨等因素的影响，食品和房租支出成为农业转移人口在流入地最主要的消费，也是其家庭年支出的重要组成部分。同时，除了举家外出农业转移人口家庭外，其他群体农业转移人口寄回老家的钱物均占有最高的比例（超过40%）。

分析表明，收入、住房、社保等是影响农业转移人口家庭消费水平的重要因素。收入增长、购买住房、更稳定的工作、完善的社会保障、更高的文化程度、更长的工作经历，都能明显地促进农业转移人口家庭消费的增长。

第三章
农业转移人口家庭消费特点的群体差异

由于不同群体的农业转移人口在年龄、迁移类型等方面不同，其收入、消费的特点也存在差异，本部分重点对举家外出、第一代、80后和90后这四类农业转移人口的消费特点及其影响因素进行分析。

一、举家外出农业转移人口家庭消费特点及主要影响因素

（一）家庭在流入地收入与当地城镇居民相当，总收入高于城镇居民家庭

举家外出农业转移人口家庭在流入地年收入均值为70480元，略低于流入地城镇居民家庭年均收入水平（72796元）；在老家年收入均值为13828元；家庭年总收入均值为83645元，高于流入地城镇居民家庭年均收入水平。其中，在流入地的收入占家庭总收入

的84.3%。

举家外出农业转移人口在流入地家庭年收入、家庭年总收入分别比全样本农业转移人口的平均水平（62450元、81334元）高12.9%、2.8%；举家外出农业转移人口在老家年收入比全样本农业转移人口的平均水平（19268元）低28.2%。这主要因为举家外出农业转移人口拖家带口，在流入地工作时间也较长，有一定的物质基础和人脉积累，因此，家庭在流入地年收入和年总收入最多，而在老家的收入相对较少。

在四类群体中，举家外出农业转移人口在流入地家庭年收入、家庭年总收入都最高，比在流入地家庭年收入排第二的第一代农业转移人口（64400元）高9.4%，比家庭年总收入排第二的80后农业转移人口（81525元）高2.6%；举家外出农业转移人口在老家年收入最低，是排名第一的90后农业转移人口（23764元）的58.2%。

（二）家庭在流入地消费和总消费支出均低于流入地城镇居民家庭，但高于其他三类群体

举家外出农业转移人口在流入地家庭年消费支出均值为33410元，低于流入地城镇居民家庭平均消费水平（48959元）；在老家年消费支出均值为8418元；家庭年总消费支出均值为41393元，仍低于流入地城镇居民家庭平均消费水平。其中，在流入地的消费支出占总消费支出的80.7%。

举家外出农业转移人口在流入地家庭年消费支出、家庭年总消费支出分别比全样本农业转移人口的平均水平（27060元、38862

元）高 23.5%、6.5%；举家外出农业转移人口在老家年消费支出比全样本农业转移人口的平均水平（12139 元）低 30.7%。这主要因为举家外出农业转移人口拖家带口，除了日常开支外，子女的受教育等相关支出也很多，因此，在流入地的消费支出最多，而老家消费支出较低。

在四类群体中，举家外出农业转移人口在流入地家庭年消费支出、家庭年总消费支出都最高，比在流入地家庭年消费支出排第二的第一代农业转移人口（28620 元）高 16.7%，比家庭年总消费支出排第二的 80 后农业转移人口（39104 元）高 5.9%；举家外出农业转移人口在老家年消费支出最低，是排名第一的 90 后农业转移人口（10144 元）的 63.4%。

（三）家庭在流入地的消费倾向和总消费倾向都低于流入地城镇居民家庭，但高于其他三类群体

举家外出农业转移人口家庭在流入地的消费倾向平均为 0.534，低于流入地城镇居民家庭平均消费倾向（0.68）；老家消费倾向平均为 0.822；总消费倾向平均为 0.552，仍低于流入地城镇居民家庭平均消费倾向。相比之下，举家外出农业转移人口的流入地消费倾向和总消费倾向均高于全样本农业转移人口的平均水平，老家消费倾向则低于平均水平。在四类群体中，举家外出农业转移人口在流入地消费倾向和总消费倾向都是最高的，在老家消费倾向则排名第二，仅比第一代农业转移人口低。

（四）家庭消费支出以食品和住房为主，教育支出相对较高

从举家外出农业转移人口的消费结构来看，家庭食品支出占流入地消费的比例最多，达到42.03%，略低于全样本农业转移人口的平均水平，占总消费支出比例为34.20%；房租占流入地消费的比例为22.87%，占总消费支出比例为18.81%，均高于全样本农业转移人口的平均水平；用于学习、培训、教育的支出（含本人及配偶、子女）占流入地消费的比例为17.65%，占总消费支出比例为13.86%，远高于全样本农业转移人口的平均水平；交通、通讯费占流入地消费的比例为9.94%，低于全样本农业转移人口的平均水平，占家庭总消费支出比例为7.95%；寄回老家的钱（物）占流入地消费的比例为23.80%，占总消费支出比例为17.32%，明显低于8城市全部农业转移人口的平均水平，主要原因在于，举家外出农业转移人口全家在流入地，寄回老家的钱（物）自然较少。

表3.1　　举家外出农业转移人口不同消费支出占比情况（%）

消费支出	食品支出	房　租	用于学习、培训、教育的支出		家庭交通、通讯费支出	在流入地医疗相关支出		请客送礼支出	寄回老家的钱（物）
			本人及配偶	子　女		本　人	其他成员		
占家庭流入地消费支出比例	42.03	22.87	2.64	15.01	9.94	1.66	3.29	5.25	23.80
占家庭总消费支出比例	34.20	18.81	1.80	12.06	7.95	1.27	2.55	4.04	17.32

(五) 收入、职业、学历、居住时间是影响其家庭消费的主要因素

1. 收入是影响举家外出农业转移人口消费的重要因素

与影响全样本农业转移人口消费的因素类似，收入增长也是促进举家外出农业转移人口消费的重要因素。从下表可以看出，随着收入水平的提高，举家外出农业转移人口家庭在流入地年消费支出和家庭年总消费支出均明显增加。根据家庭在流入地年收入从低到高分组（年收入分别为 2 万及以下、20001 ~ 40000、40001 ~ 60000、60001 ~ 99999、10 万及以上），家庭在流入地年消费支出均值从 17870 元提高到 60070 元；据家庭年总收入从低到高分组（年收入分别为 35000 及以下、35001 ~ 60000、60001 ~ 100000、100001 ~ 299999、30 万及以上），家庭年总消费支出均值从 22652 元提高到 107771 元。

表 3.2 举家外出农业转移人口的收入与消费情况 单位：元

据家庭在流入地年收入分组	家庭在流入地年收入均值	家庭在流入地年消费支出均值	据家庭年总收入分组	家庭年总收入平均值	家庭年总消费支出均值
2 万及以下	17700	17870	35000 及以下	29495	22652
20001 ~ 40000	34640	21890	35001 ~ 60000	50285	29715
40001 ~ 60000	53110	28400	60001 ~ 100000	79365	40502
60001 ~ 99999	76140	35830	100001 ~ 299999	144314	67798
10 万及以上	161110	60070	300000 及以上	463061	107771

2. 已购商品房的举家外出农业转移人口消费水平最高

从住房情况来看，举家外出农业转移人口中已购住房人群的消

费水平高于租房人群。从下表可以看出，已购商品房的举家外出农业转移人口家庭在流入地年消费支出以及年总消费支出均值最高，分别是 45930 元和 55452 元。

表 3.3　举家外出农业转移人口的住房性质与消费情况　单位：元

住房性质	家庭在流入地年消费支出均值	家庭年总消费支出均值
租住单位/雇主房	30500	39704
租住私房	31380	38870
政府提供廉租房	27070	46917
政府提供公租房	29760	36394
提供免费住房	25970	37286
已购政策性保障房	37490	41959
已购商品房	45930	55452
借住房	38170	50876
就业场所	37240	43895
自建房	41800	51026
其他非正规居所	29860	35807

3. 举家外出农业转移人口的消费水平与职业稳定程度正相关，且雇员消费水平最低

与影响全样本农业转移人口消费的因素类似，举家外出农业转移人口职业越稳定，其支出水平越高。从下表可以看出，国家机关、党群组织、企事业单位负责人，以及公务员、办事人员和有关人员的消费最高，家庭在流入地年消费支出均值分别是 51070 元和 44160 元，家庭年总消费支出均值分别是 64760 元和 60467 元。

表 3.4　　举家外出农业转移人口的职业与消费情况　　单位：元

主要职业	家庭在流入地年消费支出均值	家庭年总消费支出均值
国家机关、党群组织、企事业单位负责人	51070	64760
专业技术人员	37730	48876
公务员、办事人员和有关人员	44160	60467
商业、服务业人员	35320	42442
农、林、牧、渔、水利业生产人员	27170	35220
生产、运输及有关人员	28470	37387
建　筑	30350	38421
无固定职业	27080	34008
其　他	39970	46532

从身份来看，雇员的支出水平明显低于雇主及其他就业身份人员。从下表可以看出，举家外出农业转移人口中雇主消费最高，家庭在流入地年消费支出和家庭年总消费支出均值分别为 41120 元和 47565 元；雇员消费最低，家庭在流入地年消费支出和家庭年总消费支出均值分别为 29950 元和 39096 元。

表 3.5　　举家外出农业转移人口的就业身份与消费情况　　单位：元

就业身份	家庭在流入地年消费支出均值	家庭年总消费支出均值
雇　员	29950	39096
雇　主	41120	47565
自营劳动者	35590	42402
家庭帮工	39750	48223

4. 举家外出农业转移人口消费水平与在流入地参加的社保情况相关

从社会保障层面来看，举家外出农业转移人口在流入地享有社保项数越多，其消费水平越高。从下表可以看出，在流入地享有8种社保的举家外出农业转移人口，家庭在流入地年消费支出和家庭年总消费支出均值最高，分别为56670元和65000元。

表3.6　举家外出农业转移人口在流入地享有的社保与消费情况　单位：元

流入地享有的社保种类	家庭在流入地年消费支出均值	家庭年总消费支出均值
0	32250	39814
1	34800	44205
2	32360	40740
3	31950	42299
4	36300	44482
5	37310	46433
6	41840	50627
7	56560	63462
8	56670	65000

相比之下，参加流入地社会保障人群的消费高于不参加群体，这点与全样本农业转移人口的消费特征相似。

表3.7　举家外出农业转移人口在流入地的社会保障与消费情况　单位：元

流入地社会保障类型	家庭在流入地年消费支出均值		家庭年总消费支出均值	
	参　加	未参加	参　加	未参加
城镇养老保险	36840	32540	45296	40431
城镇职工医保	36130	32750	44911	40542
城镇居民医保	39350	33240	50334	41083
商业医保	42480	32940	50707	40945
工伤保险	35060	33070	43658	40928
失业保险	37650	32660	46569	40505
生育保险	38640	33000	47285	40956
住房公积金	41690	32750	51367	40654

5. 流动距离对举家外出农业转移人口的消费影响较小

流动距离对举家外出人口的消费影响较小，从下表可以看出，跨省流动人群的消费最高，市内跨县人群的消费最低，但流入地年均支出都略高于33000，差别不大。

表3.8 举家外出农业转移人口的流动范围与消费情况 单位：元

流动范围	家庭在流入地年消费支出均值	家庭年总消费支出均值
跨省流动	33660	41852
省内跨市	33170	40837
市内跨县	33020	41208

6. 不同年龄段的举家外出农业转移人口消费存在差异

与全样本农业转移人口的特征类似，举家外出农业转移人口的消费也表现出不同年龄段的消费差异。从下表可以看出，80后农业转移人口家庭在流入地年消费支出和家庭年总消费支出均值最高，分别为33590元和42477元；其次为70后农业转移人口，家庭在流入地年消费支出和家庭年总消费支出均值分别为33590元和41079元。

表3.9 举家外出农业转移人口的出生年份与消费情况 单位：元

出生年份	家庭在流入地年消费支出均值	家庭年总消费支出均值
1953～1959	32060	40699
1960～1969	33550	39852
1970～1979	33590	41079
1980～1989	33590	42477
1990～1996	28430	36644

7. 举家外出农业转移人口受教育程度越高，消费水平越高

从受教育程度来看，举家外出农业转移人口的受教育程度越高，消费越多。从下表可以看出，大专及以上的群体消费水平最高，家庭在流入地年消费支出和家庭年总消费支出均值分别为49250元和63694元；小学及以下的群体消费最低，家庭在流入地年消费支出和家庭年总消费支出均值分别为30720元和37609元。

表3.10　举家外出农业转移人口的受教育程度与消费情况　单位：元

受教育程度	家庭在流入地年消费支出均值	家庭年总消费支出均值
小学及以下	30720	37609
初　中	31210	38872
高中和中专	36110	44124
大专及以上	49250	63694

8. 举家外出农业转移人口居留时间越长，消费越多

与全样本农业转移人口的规律相似，举家外出农业转移人口也表现出居留时间越长，消费越高的趋势。从下表可以看出，在流入地工作时间10年以上的家庭在流入地年消费支出均值最高，为34720元。

表3.11　举家外出农业转移人口的居留时间与消费情况　单位：元

居留时间	家庭在流入地年消费支出均值	家庭年总消费支出均值
1年及以下	31910	42128
1~3年（含3年）	33170	40618
3~5年（含5年）	32950	40439
5~10年（含10年）	33940	42138
10年以上	34720	41989

二、第一代农业转移人口家庭消费特点及主要影响因素

（一）家庭在流入地收入水平低于流入地城镇居民，但总收入高于流入地城镇居民

第一代农业转移人口在流入地家庭年收入均值为64400元，低于流入地城镇居民家庭年均收入水平（72796元）；在老家年收入平均为14623元；家庭年总收入平均为78474元，高于流入地城镇居民家庭年均收入水平。其中，在流入地的收入占总收入的82.1%。

第一代农业转移人口在流入地家庭年收入比全样本农业转移人口的平均水平（62450元）高3.1%；第一代农业转移人口在老家年收入、家庭年总收入分别比全样本农业转移人口的平均水平（19268元、81334元）低24.1%、3.5%。由于第一代农业转移人口在流入地时间较长，大多已成家立业，积累了一定的物质基础，因此，在流入地收入较多，而在老家的收入较低。

在四类群体中，第一代农业转移人口在流入地家庭年收入排名第二，是排名第一的举家外出农业转移人口（70480元）的91.4%；第一代农业转移人口家庭在老家年收入排名第三，是排名第一的90后农业转移人口（23764元）的61.5%；第一代农业转移人口家庭年总收入排名第三，是排名第一的举家外出农业转移人口（83645元）的93.8%。

（二）家庭在流入地消费和总消费水平均低于流入地城镇居民，总消费支出仅高于90后农业转移人口家庭

第一代农业转移人口在流入地家庭年消费支出均值为28620元，低于流入地城镇居民家庭平均消费水平（48959元）；在老家年支出平均为10144元；家庭年总消费支出均值为38469元，也低于流入地城镇居民家庭平均消费水平。其中，在流入地的消费支出占总消费支出的74.4%。

第一代农业转移人口在流入地家庭年消费支出比全样本农业转移人口的平均水平（27060元）高5.8%；第一代农业转移人口在老家年消费支出、家庭年总消费支出分别比全样本农业转移人口的平均水平（12139元、38862元）低16.4%、1.0%。这与第一代农业转移人口收入较高有一定关系，另外，子女教育等都会增加家庭的支出，因此，在流入地消费支出较高。

在四类群体中，第一代农业转移人口在流入地家庭年消费支出排名第二，是排名第一的举家外出农业转移人口（33410元）的85.7%；第一代农业转移人口家庭在老家年消费支出排名第三，是排名第一的90后农业转移人口（13279元）的76.4%；第一代农业转移人口家庭年总消费支出排名第三，是排名第一的举家外出农业转移人口（41393元）的92.9%。

（三）家庭在流入地的消费倾向低，但在老家的消费倾向高

第一代农业转移人口的流入地消费倾向平均为0.495，低于流入地城镇居民家庭平均消费倾向（0.68）；老家消费倾向平均为

1.103；总消费倾向平均为0.544，也低于流入地城镇居民家庭平均消费倾向（0.68）。在四类群体中，第一代农业转移人口的流入地消费倾向和总消费倾向都排名第二，老家消费倾向排名第一，这反映出第一代农业转移人口在老家消费的意愿更强。

（四）在家庭支出结构中，寄回老家的钱物占很大比重

从第一代农业转移人口的家庭支出结构来看，寄回老家的钱（物）占流入地消费的比例为48.86%，占总消费支出比例为28.38%，均高于全样本农业转移人口的平均水平，且在四个群体中占比最高。其次是食品支出，占流入地消费的比例达到43.31%，与全样本农业转移人口的平均水平基本持平，占总消费支出比例为32.19%；房租占流入地消费的比例为21.67%，占总消费支出比例为16.88%，与全样本农业转移人口的平均水平基本持平；用于学习、培训、教育的支出（含本人及配偶、子女）占流入地消费的比例为15.50%，占总消费支出比例为11.78%，均略高于全样本农业转移人口的平均水平；交通、通讯费占流入地消费的比例为10.57%，略低于全样本农业转移人口的平均水平，占总消费支出比例为7.72%。

表3.12　第一代农业转移人口不同消费支出占比情况（%）

消费支出	食品支出	房租	用于学习、培训、教育的支出		家庭交通、通讯费支出	在流入地医疗相关支出		请客送礼支出	寄回老家的钱（物）
			本人及配偶	子女		本人	其他成员		
占家庭流入地消费支出比例	43.31	21.67	2.11	13.39	10.57	1.75	2.52	5.32	48.86
占家庭总消费支出比例	32.19	16.88	1.45	10.33	7.72	1.21	1.88	3.80	28.38

（五）影响其消费的主要因素与总体样本基本相同

包括：收入越高，消费水平越高；已购商品房的家庭消费水平高；消费水平与职业稳定程度正相关；在流入地参加的社保越多，消费水平越高，参加流入地社会保障人群的消费高于不参加群体，参加老家社会保障的群体消费低于不参加群体；受教育程度越高，消费越多；居留时间越长，消费越多等。

但与举家外出农业转移人口家庭不同的是，这一群体中市内跨县人群的消费最高，跨省流动人群的消费最低，但消费支出都差别不大。说明流动距离对第一代农业转移人口的消费影响较小。

表 3.13　　第一代农业转移人口的流动范围与消费情况　　单位：元

流动范围	家庭在流入地年消费支出均值	家庭年总消费支出均值
跨省流动	28000	38684
省内跨市	29280	37920
市内跨县	29850	39411

另外，在同种职业、同等文化程度、同等工作时间的情况下，第一代农业转移人口家庭的消费支出水平要低于举家外出群体。说明这些因素对第一代农业转移人口家庭的影响相对要小一些。

三、80后农业转移人口家庭消费特点及主要影响因素

（一）家庭在流入地收入水平低于流入地城镇居民，但总收入高于流入地城镇居民

80后农业转移人口家庭在流入地的家庭年收入均值为61980

元，低于流入地城镇居民家庭年均收入水平（72796 元）；在老家年收入平均为 19907 元；家庭年总收入平均为 81525 元，高于流入地城镇居民家庭年均收入水平（72796 元）。其中，在流入地的收入占总收入的 76.0%。

80 后农业转移人口在流入地家庭年收入比全样本农业转移人口的平均水平（62450 元）低 0.8%；老家年收入、家庭年总收入分别比 8 城市全样本农业转移人口的平均水平（19268 元、81334 元）高 3.3%、0.2%。主要由于 80 后农业转移人口大多三十多岁，正处于事业开创或起步阶段，刚开始积累经验，在流入地收入较低。

在四类群体中，80 后农业转移人口在流入地家庭年收入排名第三，是排名第一的举家外出农业转移人口（70480 元）的 87.9%；家庭在老家年收入排名第二，是排名第一的 90 后农业转移人口（23764 元）的 83.8%；家庭年总收入排名第二，是排名第一的举家外出农业转移人口（83645 元）的 97.5%。

（二）家庭在流入地消费和总消费水平均低于流入地城镇居民，总消费水平仅低于举家外出群体家庭

80 后农业转移人口在流入地的家庭年消费支出均值为 27630 元，低于流入地城镇居民家庭平均消费水平（48959 元）；在老家年支出平均为 11825 元；家庭年总消费支出均值为 39104 元，仍低于流入地城镇居民家庭平均消费水平。其中，在流入地的消费支出占总消费支出的 70.7%。

80 后农业转移人口在流入地家庭年消费支出、家庭年总消费

支出分别比全样本农业转移人口的平均水平（27060 元、38862 元）高 2.1%、0.6%；在老家年消费支出比全样本农业转移人口的平均水平（12139 元）低 2.6%。由于收入限制、子女上学压力较小等原因，80 后农业转移人口的家庭消费水平不是很高。

在四类群体中，80 后农业转移人口在流入地家庭年消费支出排名第三，是排名第一的举家外出农业转移人口（33410 元）的 82.7%；家庭在老家年消费支出排名第二，是排名第一的 90 后农业转移人口（13279 元）的 89.1%；家庭年总消费支出排名第二，是排名第一的举家外出农业转移人口（41393 元）的 94.5%。

（三）家庭在流入地的消费倾向和总消费倾向均低于流入地城镇居民，但总消费倾向要高于第一代和 90 后群体

80 后农业转移人口的流入地消费倾向平均为 0.493，低于流入地城镇居民家庭平均消费倾向（0.68）；老家消费倾向平均为 0.734；总消费倾向平均为 0.521，也低于流入地城镇居民家庭平均消费倾向。在四类群体中，80 后农业转移人口的流入地消费倾向排名最后，老家消费倾向和总消费倾向均排名第三，略高于 90 后农业转移人口。

（四）家庭消费支出以食品和居住为主，交通、通讯支出相对较高

从 80 后农业转移人口的消费结构来看，家庭食品支出占流入地消费的比例达到 42.94%，占总消费支出比例为 30.41%，均低

于全样本农业转移人口的平均水平；房租占流入地消费的比例为22.83%，占总消费支出比例为16.86%，均略高于全样本农业转移人口的平均水平；用于学习、培训、教育的支出（含本人及配偶、子女）占流入地消费的比例为12.75%，占总消费支出比例为8.96%，均低于全样本农业转移人口的平均水平；交通、通讯费占流入地消费的比例为11.03%，高于举家外出和第一代农业转移人口；寄回老家的钱（物）占流入地消费的比例为44.36%，占总消费支出比例为25.87%，均低于全样本农业转移人口的平均水平。

表 3.14　　80 后农业转移人口不同消费支出占比情况（%）

消费支出	食品支出	房　租	用于学习、培训、教育的支出		家庭交通、通讯费支出	在流入地医疗相关支出		请客送礼支出	寄回老家的钱（物）
			本人及配偶	子　女		本　人	其他成员		
占家庭流入地消费支出比例	42.94	22.83	3.65	9.10	11.03	1.68	2.64	5.38	44.36
占家庭总消费支出比例	30.41	16.86	2.25	6.71	7.63	1.13	1.82	3.60	25.87

（五）影响其消费的主要因素与总体样本基本相同

也包括：收入越高，消费水平越高；已购商品房的家庭消费水平高；消费水平与职业稳定程度正相关；在流入地参加的社保越多，消费水平越高，参加流入地社会保障人群的消费高于不参加群体，参加老家社会保障的群体消费低于不参加群体；受教育程度越高，消费越多；居留时间越长，消费越多。

但是，这一群体中省内跨市人群的消费最高，市内跨县人群的消费最低，但消费支出都差别不大。

表 3.15　　80 后农业转移人口的流动范围与消费情况　　单位：元

流动范围	家庭在流入地年消费支出均值	家庭年总消费支出均值
跨省流动	27390	38873
省内跨市	28720	40174
市内跨县	25070	36547

另外，同等职业、同等工作时间时，80 后农业转移人口家庭总消费支出总体上要高于第一代和 90 后。同等文化程度时，其家庭总消费支出总体上要低于第一代和 90 后。

四、90 后农业转移人口家庭消费特点及主要影响因素

（一）家庭收入水平在四类群体中最低，且大大低于流入地城镇居民家庭收入水平

90 后农业转移人口家庭在流入地的家庭年收入均值为 42930 元，远低于流入地城镇居民家庭年均收入水平（72796 元）；在老家年收入平均为 23764 元；家庭年总收入平均为 66626 元，也大大低于流入地城镇居民家庭年均收入水平。其中，在流入地的收入占总收入的 64.4%。

90 后农业转移人口在流入地家庭年收入、家庭年总收入分别比 8 城市全样本农业转移人口的平均水平（62450 元、81334 元）低 31.3%、18.1%；90 后农业转移人口在老家年收入比 8 城市全

样本农业转移人口的平均水平（19268 元）高23.3%。这是因为90后农业转移人口年龄在二十岁左右，刚开始工作，经验不足，因此在流入地收入最低。

在四类群体中，90 后农业转移人口在流入地家庭年收入、家庭年总收入都排名最后，是排名第一的举家外出农业转移人口（70480 元、83645 元）的 60.9%、79.7%。但由于一些 90 后农业转移人口还未成家，经济未独立，与老家的父母生活在一起，因此其家庭在老家年收入排名第一。

（二）家庭消费水平也是四类群体中最低的，但在老家的消费水平则是最高的

90 后农业转移人口在流入地家庭年消费支出均值为 18820 元，远低于流入地城镇居民家庭平均消费水平（48959 元）；在老家年支出平均为 13279 元；家庭年总消费支出均值为 32044 元，也大大低于流入地城镇居民家庭平均消费水平。其中，在流入地的消费支出占总消费支出的 58.7%。

相比之下，90 后农业转移人口在流入地家庭年消费支出、家庭年总消费支出分别比全样本农业转移人口的平均水平（27060 元、38862 元）低 30.5%、17.5%；在老家年消费支出比全样本农业转移人口的平均水平（12139 元）高 9.4%。这与 90 后农业转移人口收入较低，且大多单身，所以家庭消费较少有关。

在四类群体中，90 后农业转移人口在流入地家庭年消费支出、家庭年总消费支出都排名最后，是排名第一的举家外出农业转移人口（33410 元、41393 元）的 56.3%、77.4%。同样是由于老家有

共同生活的父母，90后农业转移人口家庭在老家年消费支出排名第一。

（三）家庭总的消费倾向是最低的，在老家的消费倾向也不高

90后农业转移人口在流入地的平均消费倾向为0.494，低于流入地城镇居民家庭平均消费倾向（0.68）；老家消费倾向平均为0.683；总消费倾向平均为0.520，低于流入地城镇居民家庭平均消费倾向。除了在流入地消费倾向与全样本农业转移人口平均水平持平、在四个群体中排名第三外，90后农业转移人口总消费倾向也低于平均水平，在四个群体中排名最后。

（四）消费支出中，交通、通讯支出占比较高，学习、教育支出相对较低

从90后农业转移人口的消费结构来看，家庭食品支出占流入地消费的比例达到44.89%；房租占流入地消费的比例为19.02%，占总消费支出比例为12.47%，均低于全样本农业转移人口的平均水平；用于学习、培训、教育的支出（含本人及配偶、子女）占流入地消费的比例为7.26%，占总消费支出比例为4.51%，均低于全样本农业转移人口的平均水平，在四类群体中排名最靠后；交通、通讯费占流入地消费的比例为11.91%，该比例在四类群体中排名最高；寄回老家的钱（物）占流入地消费的比例为46.12%，占总消费支出比例为23.32%，略低于全样本农业转移人口的平均水平。

表 3.16　　90 后农业转移人口不同消费支出占比情况（%）

<table>
<tr><td rowspan="2">消费支出</td><td rowspan="2">食品支出</td><td rowspan="2">房　租</td><td colspan="2">用于学习、培训、教育的支出</td><td rowspan="2">家庭交通、通讯费支出</td><td colspan="2">在流入地医疗相关支出</td><td rowspan="2">请客送礼支出</td><td rowspan="2">寄回老家的钱（物）</td></tr>
<tr><td>本人及配偶</td><td>子　女</td><td>本　人</td><td>其他成员</td></tr>
<tr><td>占家庭流入地消费支出比例</td><td>44.89</td><td>19.02</td><td>4.76</td><td>2.50</td><td>11.91</td><td>1.15</td><td>1.20</td><td>4.42</td><td>46.12</td></tr>
<tr><td>占家庭总消费支出比例 *</td><td>27.49</td><td>12.47</td><td>2.77</td><td>1.74</td><td>7.03</td><td>0.61</td><td>0.82</td><td>2.52</td><td>23.32</td></tr>
</table>

注：* 表示与其他三类群体存在显著不同，90 后农业转移人口的消费支出范围比问卷调查广，故而各项消费支出占总消费支出的比例加总仅为 78.77%。

（五）影响其消费的主要因素与其他三类群体有一定差异

与影响全样本农业转移人口消费的因素类似，收入增长、居留时间增加都是促进 90 后农业转移人口消费的重要因素。但不同的是，90 后农业转移人口的消费支出水平与职业、学历的相关性较小。在同等职业、同等文化程度的情况下，其消费支出水平总体要低于其他三类群体。

从住房情况来看，已购商品房和自建房的消费水平高于租房人群。从下表可以看出，自建房的 90 后农业转移人口家庭在流入地的年消费支出最高，为 37500 元；已购商品房的 90 后农业转移人口家庭年总消费支出均值最高，为 41711 元。

表 3.17　　90 后农业转移人口的住房性质与消费情况　　单位：元

住房性质	家庭在流入地年消费支出均值	家庭年总消费支出均值
租住单位/雇主房	15780	33208
租住私房	20630	30842
政府提供廉租房 *	30000	100000

续表

住房性质	家庭在流入地年消费支出均值	家庭年总消费支出均值
政府提供公租房	19000	29038
单位/雇主提供免费住房	13660	33014
已购政策性保障房	–	–
已购商品房	34010	41711
借住房	18690	31152
就业场所	20740	32212
自建房	37500	30000
其他非正规居所	28500	38125

注：＊表示90后农业转移人口中符合该类住房性质的样本就1份，所以该类型住房性质对应的消费数值不具有代表意义。

从社会保障层面来看，90后农业转移人口的消费水平与其在流入地享有的社保项数没有表现出明显的规律性，说明参加社保对其消费行为影响不大。从下表可以看出，在流入地享有6项社保的人群，家庭在流入地年消费支出均值最高，为19830元；在流入地享有1项社保的人群，家庭年总消费支出均值最高，为36305元。

表3.18　　90后农业转移人口在流入地享有社保与消费情况　　单位：元

流入地社保种类	家庭在流入地年消费支出均值	家庭年总消费支出均值
0	19530	31413
1	19080	36305
2	15440	28413
3	16980	30072
4	17230	33005
5	16810	33799
6	19830	33683
7	14140	34333
8	14500	22500

从流动距离来看，省内跨市人群的消费最高，跨省流动人群的消费最低，但差别不大。说明流动距离对 90 后农业转移人口的消费影响较小。

表 3.19　　90 后农业转移人口流动范围与消费情况　　单位：元

流动范围	家庭在流入地年消费支出均值	家庭年总消费支出均值
跨省流动	17900	31961
省内跨市	20830	32942
市内跨县	18320	29585

本章小结

农业转移人口家庭消费水平的分层特征明显。按流入地消费支出水平排序，依次是：举家外出农业转移人口 > 第一代农业转移人口 >80 后农业转移人口 >90 后农业转移人口。但 80 后农业转移人口在老家的消费水平较高，使得其家庭总消费水平超过第一代农业转移人口。总消费水平的排序则是：举家外出农业转移人口 > 80 后农业转移人口 > 第一代农业转移人口 > 90 后农业转移人口。消费的排序与收入排序相同，也说明收入对消费的决定作用。

不同群体消费支出的地域结构有一定差异性。按家庭在流入地消费占家庭总消费的比重排序，依次是：外出农业转移人口（80.7%） >第一代农业转移人口（74.4%） >80 后农业转移人口（70.7%） >90 后农业转移人口（58.7%）。这一排序与收入水平排序一致，只是各群体家庭在流入地收入占总收入的比重，要高于消费占比。

与流入地城镇居民家庭收入和消费支出水平相比，不同群体的差距不一。举家外出农业转移人口家庭在流入地收入水平与当地城镇居民相当，总收入高于城镇居民家庭；家庭在流入地消费支出均低于流入地城镇居民家庭，但总消费水平已接近于城镇居民家庭。第一代和80后农业转移人口家庭在流入地收入水平低于流入地城镇居民，但总收入高于流入地城镇居民；家庭在流入地消费和总消费水平均低于流入地城镇居民，而且差距较大。90后农业转移人口家庭收入和消费水平在四类群体中最低，且大大低于流入地城镇居民家庭收入和消费水平。举家外出农业转移人口家庭的消费支出水平最高，地域差异最小，说明家庭的完整性对于消费也有重要影响。

不同群体的消费支出结构差异不大。都是以食品和住房为主，除举家外出农业转移人口家庭以外，其他群体寄回老家的钱物占比都较高；第一代和80后农业转移人口家庭在教育方面的支出较多，80后及90后农业转移人口家庭在交通、通讯方面的支出较多。

除90后农业转移人口以外，其他群体的消费影响因素基本相同。收入水平、职业稳定性、参加社保情况、居住时间、文化程度等对其他三类农业转移人口的影响较大，而且都是正相关。但除了收入水平、居住时间外，职业稳定性、参加社保情况、文化程度等因素对90后农业转移人口的影响不大。

第四章
农业转移人口工资性收入增长的主要原因及发展趋势

农业转移人口家庭收入和消费水平的增长，主要是由于工资性收入的增长。本部分重点研究农民工（农业转移人口的主体）工资趋势性上涨的深层次原因，以及未来发展趋势。

一、农民工工资变动情况

我国农民工工资长期以来处于偏低的水平，并且一度几无增长。根据国务院发展研究中心的跟踪研究，2004 年之前的 12 年中，珠江三角洲外来农民工月平均工资仅增长了 68 元，与当地年均 20% 以上的 GDP 增长速度相比，工资水平几乎原地踏步，说明农民工未能很好分享企业效益增长和国民经济发展的成果。但是，从 2004 年珠三角地区开始出现“民工荒”以后，农民工工资出现持续快速上涨。2004 年农民工平均月工资为 780 元，较 2003 年增长了 11. 1% 。随后增加幅度虽然略有回落，但依然保持着 10% 左右的增长。2007 年农民工月平均工资首次超过千元，达到 1060 元，比上一年度增加了 10.6%，至 2012 年，农民工月平均已增长到 2290 元，是 2005 年（875 元）的 2.6 倍。

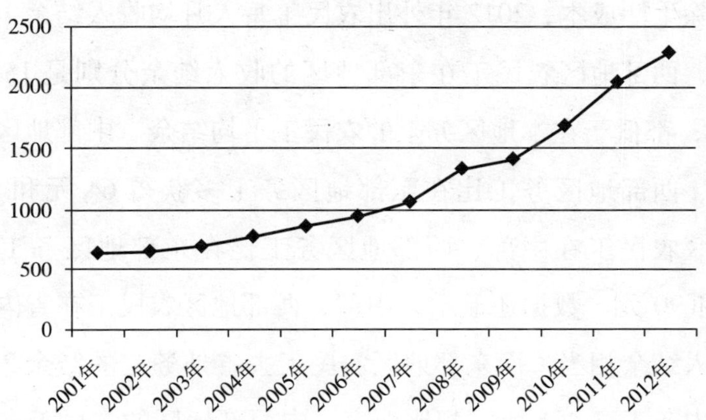

图 4.1　2002～2012 年农民工工资变动情况（单位：元）

数据来源：2002～2004 年的数据来自国家统计局农调队，2005～2012 年的数据来自国家统计局农村司。

从区域看，中西部工资涨幅加快，与东部工资差距明显缩小。根据国家统计局的调查[①]，2008 年，外出农民工的月均收入东部地区为 1352 元，中部地区为 1275 元，西部地区为 1273 元，东部比西部高 79 元。2012 年，外出农民工的月均收入东部地区为 2286 元，中部地区为 2257 元，西部地区为 2226 元，东部比西部高 60 元。

从外出农民工的从业地点看，在直辖市务工的农民工人均月收入水平 2561 元，比上年增加 259 元；在省会城市务工的农民工月收入水平 2277 元，增加 236 元；在地级市和县级市务工的农民工月收入水平分别为 2240 元和 2204 元，分别增加 229 元和 222 元。

---

① 国家统计局：《全国农民工监测调查报告》相关年份。

大城市的务工收入水平和增加额都要高于中小城市的水平，这也是农民工主要集中在大城市的重要原因。

从收入结余来看，中西部地区农民工在东部地区务工收入结余少。扣除生活成本，2012 年外出农民工每人月均收入结余 1557 元。而中部、西部地区农民工在东部地区的收入结余分别是 1518 元和 1344 元，都低于在本地区务工的农民工平均结余。中部地区农民工在中部、西部地区务工比在东部地区务工多获得 64 元和 130 元；西部地区农民工在中部、西部地区务工比在东部地区务工多获得 228 元和 90 元。数据还显示，中部、西部地区农民工在省内和省外务工收入结余相当，而东部地区农民工去省外务工的结余 2118 元，比在省内务工高 496 元。相比而言，中西部地区的农民工在东部地区务工生活开支较大、收入结余少，因此，在中西部就业机会增加的情况下，农民工更倾向选择就近就业，这也是中西部地区农民工就业比重上升的一个重要原因。

从农民工从事的几个主要行业看，收入水平较高的是交通运输仓储邮政业和建筑业的农民工，2012 年人均月均收入分别为 2735 元和 2654 元；收入较低的分别是服务业、住宿餐饮业和制造业的农民工，月均收入分别为 2058 元、2100 元和 2130 元。

二、农村剩余劳动力变动对农民工工资的影响

进入 21 世纪以后，我国农民工总量持续增长。2010 年，全国农民工总数达到 24223 万人，比 2009 年增加 1245 万人，增长

5.4%；其中，外出农民工 15335 万人，比 2009 年增加 802 万人，增长 5.5%。外出 6 个月以上的农民工人数由 2005 年的 9809 万人增加至 2010 年的 15335 万人，年均增加 1105 万人。农民工的就业形势日趋稳定，流动“家庭化”和居住的稳定性趋势明显，在流入地居住趋于长期化。

伴随农民工数量持续增长的另一个现象是“民工荒”从沿海向内地蔓延，从季节性向常态化演变。这些现象出现的根本原因是农村剩余劳动力从无限供给向有限剩余转变，农民工供求关系发生了深刻变化，这种变化必然反映在劳动力价格——工资上面。

（一）农村剩余劳动力总量的估算

自 1978 年我国农村开始实行家庭承包责任制改革后，农业生产积极性得以激发，劳动力剩余现象开始严重显现。根据一般的定义，农村剩余劳动力等于从事农业的劳动力总量减去当时生产技术条件下农业需要的劳动力数量。农业劳动力数量是确定的，而对农业劳动力的实际需要量不同的学者有不同的测算。国务院发展研究中心课题组[①]用不同的方法测算了对农业劳动力的实际需求量，虽然各种方法估计的剩余劳动力数量有较大差异，但变化趋势基本相同。估计的结果显示，2010 年中国农村剩余劳动力的数量基本上在 0.8 亿 ~ 1.1 亿人之间，平均约为 9560 万人左右。进一步推算，2012 年我国农村剩余劳动力数量基本在 0.75 亿 ~ 1 亿人左右，平

① 国务院发展研究中心《中国农民工发展政策研究》课题组，课题负责人韩俊，课题协调人何宇鹏，成员金三林、王宾、许召元、樊雪志、刘卫民、崔传义。

均为8500万人。相对于20世纪90年代，我国农村剩余劳动力数量和剩余程度已经大幅降低，剩余劳动力已经从最初的全面过剩，进入到总量过剩、结构性短缺的阶段。

表4.1　　不同方法计算的农村剩余劳动力数量　　单位：万人

	方法一	方法二	方法三	方法四	方法五1	方法五2	均值
1990	17318.1	12835.3		15117.1	300日/年	269日/年	
1991	18412.3	13752.2		15816.7			
1992	18668.7	14206.4		15738.5			
1993	16547.1	13825.4	17535.2	15115.2			
1994	14886.4	12650.9	16928.8	14485.9			
1995	14140.6	11489.6	16414.8	13928.9			
1996	14342.6	10727.7	16092.8	13547.6			
1997	14991.5	11013.9	16359.6	13770.1			
1998	15995.3	11342.5	16142.9	13505.3			
1999	17595.4	12028.7	16375.4	13664.5			
2000	18087.2	12592.3	16285.1	13603.4			15142.0
2001	17594.2	13001.6	16016.0	13329.6			14985.4
2002	17318.4	13368.0	15681.6	13000.9			14842.2
2003	15965.3	13267.2	15193.5	12542.6			14242.1
2004	13607.8	11817.5	14427.9	11739.3	14990.3	13191.8	12898.1
2005	13480.3	11100.4	13624.9	10881.2	12588.1	10584.3	12271.7
2006	13457.4	10252.3	13421.4	10734.1	12747.7	10826.6	11966.3
2007	12230.9	9442.7	12524.3	9794.9	13606.8	11874.3	10998.2
2008	11942.5	8849.3	11978.9	9173.7	12308.1	10457.8	10486.1
2009	11338.6	8467.6	11527.8	8732.9			10015.4
2010	10765.2	8102.4	11093.7	8313.3			9568.6

注：①农村剩余劳动力数量的计算公式为：农村剩余劳动力=农业劳动力数量－农业劳动力的实际需要量。其中，关键是计算农业劳动力的实际需要量（国家统计局农调队，2002）。②方法一：农户最大收益法（计算公式：刘建进，1997；王红玲，1998）；方法二：产业结构差值法（计算公式：王玲等，2004）；方法三：资源劳动需求法（计算公式：陈扬乐，2001）；方法四：有效耕地劳动比例法（计算公式：胡鞍钢，1997）；方法五：农业技术需要法（计算公式：托马斯·罗斯基、罗伯特·米德，1997）。③2009年数据由各计算方法按照2000～2008年年均递减速率推算得出。

（二）农村剩余劳动力的结构特征

从年龄结构看，31~40岁年龄段的剩余劳动力占农业剩余劳动力总数的25%左右，40岁以上年龄段的剩余劳动力占65%左右，30岁以下的只占不到10%。也就是说，大部分（65%）农业剩余劳动力是40岁以上的，而且以女性为主，以初中以下文化程度为主，以剩余劳动时间为主，基本不能实现转移，不是有效剩余劳动力。农业剩余劳动力中真正可外出务工（40岁以下）的只有不到3000万人，也就是说农村有效剩余劳动力只有3000万人左右。由于对不同年龄劳动力的需求量不同，而不同年龄劳动力之间又不可能完全替代，因而仅仅增加就业总量，未必能解决特定年龄群乡村劳动力的就业问题，反而可能在某些年龄群的乡村劳动力（例如中老年劳动力）依然剩余的情况下，另外一些年龄群的劳动力（例如25岁以下劳动力或技工）供不应求。

（三）农村剩余劳动力变动对农民工工资的影响

以2001年为基期（2001年=100），计算了2001~2010年农村剩余劳动力数量变化和农民工工资变化的定基指数。分析表明，农民工工资持续上升，2010年比2001年上涨了162%，年均实际增长10.7%；农村剩余劳动力数量则持续下降，2010年比2001年下降了36.1%，年均下降超过4%，见图4.2。

比较农村剩余劳动力与农民工工资定基指数可以看出，农民工工资变动与农村剩余劳动力数量变化高度相关，计算得出二者简单相关系数为-0.95，即农村剩余劳动力剩余数量的下降直接推动了

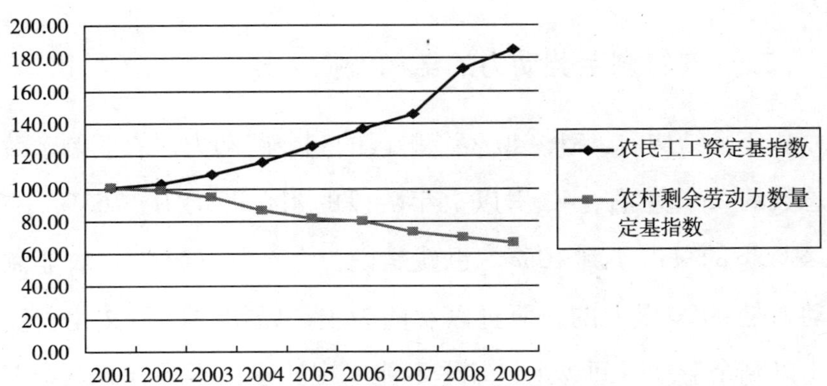

图 4.2 农村剩余劳动力与农民工工资定基指数（2001 年 =100）

农民工工资的上升。

为了定量测度农村剩余劳动力变动对农民工实际工资的影响程度，构建协整与误差修正模型对其长短期影响程度进行分析。

1. 平稳性检验

先对农民工实际工资（W）与滞后一年的农村剩余劳动力（L1）的对数进行 ADF 检验。在 10% 的显著性水平下，Ln（L1）不平稳，但其一阶差分平稳；Ln（W）不平稳，但其一阶差分平稳。因此，可建立 Ln（L1）和 Ln（W）这两个变量之间的协整关系。

表 4.2 农村剩余劳动力（L）与滞后一年的农村剩余劳动力（L1）对数值的单位根检验表

变 量	检验类型（c，t，n）	ADF 检验值	临界值（10%）	AIC	SC	结 论
Ln（L1）	（c，0，1）	0.7048	-2.7711	-3.8954	-3.8516	不平稳
△Ln（L1）	（c，0，1）	-3.3452	-2.8419	-4.0970	-4.1202	平 稳
Ln（W）	（c，t，1）	-1.0683	-3.5905	-3.9437	-3.9041	不平稳
△Ln（W）	（c，t，1）	-3.9182	-3.7015	-4.4159	-4.4468	平 稳

注：Δ 表示一阶差分；检验类型中的 c、t、n 分别表示含常数项，含线性趋势以及滞后阶数。

2. 协整方程

运用协整理论和误差修正模型对农民工实际工资（W）与滞后一年的农村剩余劳动力（L1）进行协整分析，建立如下回归方程：

$$\mathrm{Ln}(W) = \underset{(28.28)}{22.65} - \underset{(-19.83)}{1.68} * \mathrm{Ln}(L1)$$

$R^2 = 0.9801$　　$\bar{R}^2 = 0.9776$

$F - stat = 393.32$

上述模型效果较好，拟合优度达到0.83。对残差序列进行单位根检验，ADF统计值为-1.7068，10%的临界值为-1.6001。因此，在10%的显著性水平下拒绝原假设，即残差序列是平稳的，农民工实际工资（W）与滞后一年的农村剩余劳动力（L1）之间的协整关系成立，农民工实际工资（W）与滞后一年的农村剩余劳动力（L1）的长期弹性系数为-1.68。也就是说从长期来看，农村剩余劳动力每减少1%，次年的农民工实际工资则上涨1.68%。

3. 误差修正模型

建立误差修正模型如下：

$$\mathrm{DLn}(W) = \underset{(1.31)}{0.03} - \underset{(-2.36)}{1.06} * D\mathrm{Ln}(L1) - \underset{(-1.27)}{0.52} * ecm(-1)$$

$R^2 = 0.51$；$\bar{R}^2 = 0.34$

$F - stat = 3.07$

从误差修正模型可以看出，农民工实际工资（W）与滞后一年的农村剩余劳动力（L1）的短期弹性系数为-1.06。也就是说从短期来看，农村剩余劳动力每减少1%，次年的农民工实际工资则上涨1.06%，低于长期内的增长率（1.68%），这在一定程度上反映出农村剩余劳动力的减少对农民工实际工资的提高存在累积、滞后效应，从短期看的影响效果低于长期。

三、人口结构变动及教育发展对农村剩余劳动力的影响

农村剩余劳动力下降的原因主要有三个：一是劳动力增长放缓；二是人口结构的变化；三是教育发展，特别是大学扩招使得更多的农村学生接受高等教育。

（一）人口增长对农村新增劳动力的影响

一方面受计划生育政策影响，另一方面受城市化不断发展、居民生育观念转变等多种因素共同作用，我国人口已经进入低速增长阶段。继人口自然增长率从20世纪60年代中期开始持续下降之后，劳动年龄人口的增长率从80年代也开始了下降的过程，21世纪以来下降速度明显加快。根据2010全国第六次人口普查的结果，利用中国人口发展研究中心人口模型（PADIS）所作的最新预测表明，在当前人口政策不变情况下我国劳动年龄人口将在2015年达到高峰后的9.96亿人后，然后开始绝对减少，到2020年约为9.88亿人，到2030年进一步减为9.57亿人。从中长期看，劳动年龄人口即将进入总量绝对减少的阶段，作为无限劳动力供给的一个源泉，人口因素不再助长劳动力供给的增长。2004年以来，城镇用工企业迫于民工荒的压力，不得不放宽用工年龄，从过去的25岁以下放宽为30~40岁，甚至50岁。2005~2006年大量增加的是31岁以上的

民工，特别是31～40岁的民工，2006年比2004年剧增41.8%。同时，农民工供不应求的年龄段也快速上升，从2003年的20岁以下，上升到2004年的25岁以下，以及2006年的30岁以下。国务院发展研究中心课题组在托达罗模型的基础上，结合我国国情建立了民工家庭年龄结构－生命周期模型，通过估算农民工的最高预期工作寿命，认为40岁以下农民工供不应求可能在2016年出现。

表4.3　利用PADIS模型对中国人口的预测　单位：亿人

年　份	总人口	0～14岁	15～64岁	65岁及以上	劳动年龄人口增长速度（%）
2010	13.42	2.46	9.80	1.16	0.56
2011	13.50	2.45	9.86	1.20	0.53
2012	13.57	2.44	9.90	1.23	0.42
2013	13.64	2.43	9.93	1.28	0.33
2014	13.70	2.42	9.95	1.32	0.23
2015	13.76	2.41	9.96	1.38	0.08
2016	13.80	2.43	9.94	1.43	－0.19
2017	13.86	2.43	9.93	1.50	－0.16
2018	13.91	2.43	9.91	1.57	－0.17
2019	13.96	2.43	9.89	1.64	－0.19
2020	14.01	2.43	9.88	1.70	－0.12
2021	14.05	2.42	9.86	1.77	－0.14
2022	14.08	2.41	9.85	1.83	－0.16
2023	14.11	2.39	9.83	1.89	－0.22
2024	14.13	2.37	9.80	1.96	－0.28
2025	14.14	2.34	9.77	2.03	－0.28
2026	14.15	2.31	9.74	2.10	－0.27
2027	14.15	2.27	9.72	2.17	－0.30
2028	14.15	2.22	9.68	2.25	－0.37
2029	14.14	2.17	9.63	2.34	－0.47
2030	14.13	2.12	9.57	2.43	－0.64

数据来源：PADIS模型预测结果。

（二）人口结构变动对农村剩余劳动力的影响

从人口结构和发展趋势看，我国计划生育政策实行30多年来的效果已经越来越明显地表现出来，虽然人口总数还在增加，但在很大程度上表现为离退休的老年人口的不断增加，“人口金字塔”下部的青壮年人口特别是80后、90后20～30岁的劳动力开始减少，老龄化趋势发展迅速，而青年劳动力增长速度显著降低。15～34岁人群是农民工的主力，但这群人的数量已从1995年高峰期的4.5亿人，下降至2010年的4.1亿人，占我国总人口的比例也从38%下降至30%。这种人口结构的变化必然带来劳动力供求关系的变化，新增人口数量的降低必然导致新增劳动力数量的下降。

由于人均预期寿命已经有73岁了，即便人口政策不调整，劳动人口总量变化比较缓慢，但是年轻有活力的人口变化却很大。比如，以2010年为基点，15～64岁总劳动人口到2020年只减少3.4%，但是20～30岁劳动人口却下降27%，19～22岁人口更是下降45%。即便2010年之后中国一个孩子都不生，那么到2034年15～64岁的总劳动年龄人口仍然会超过7.0亿，但是将没有24岁以下人口了。

（三）教育发展对农村剩余劳动力的影响

1. 我国低端劳动力供给数量逐年下降

随着我国九年义务教育的普及，初、高中阶段毕业直接参加工作的劳动力成为劳动力市场上低端劳动力的主要来源。从下表来看，低端劳动力供给总量从2005年开始逐步减少，2010年比2005年减少327万人，减少幅度达到27.8%。

表4.4　　2003~2010年我国低端劳动力供给数量　　单位：万人

年　份	全国初中毕业生直接工作人数	全国高中阶段教育毕业直接工作人数	中低端劳动力供给数量
2003	750.56	438.83	1189.39
2004	699.6	464.36	1163.96
2005	590	587.7	1177.7
2006	452.6	672.4	1125
2007	313.5	769.8	1083.3
2008	218.5	818.34	1036.84
2009	98.8	819.21	918.01
2010	43.69	806.94	850.63

注：①高中阶段教育包括普通高中、成人高中、中等职业学校。
②初中毕业直接参加工作人数统指初中毕业后未进入高中阶段教育的人数。
③高中阶段教育毕业直接参加工作人数是指高中学历教育毕业后未进入普通高等学校学习的人数，包括职高毕业生。
数据来源：历年全国教育事业发展统计公报、《中国教育年鉴》和《中国统计年鉴》。

2. 低端劳动力供给数量下降的原因

低端劳动力供给数量下降的主要原因有两个方面，一是学龄人口的减少，二是高等教育扩招以及由此带来的高中阶段教育的扩招。

首先，我国长时间低生育率导致小学、初中的学龄人口数量逐年减少。全国初中毕业生数量在2005年达到顶峰后，已经连续5年下滑。2010年比2005年减少373万人，下降幅度为17.6%。特别是农村初中每年毕业生的数量在2004年达到顶峰之后，已经连续6年下滑，2010年农村初中毕业生比2004年减少398.2万人，减少幅度达到39.2%（见图4.3）。人口结构变化直接导致我国中低端劳动力供给的减少。

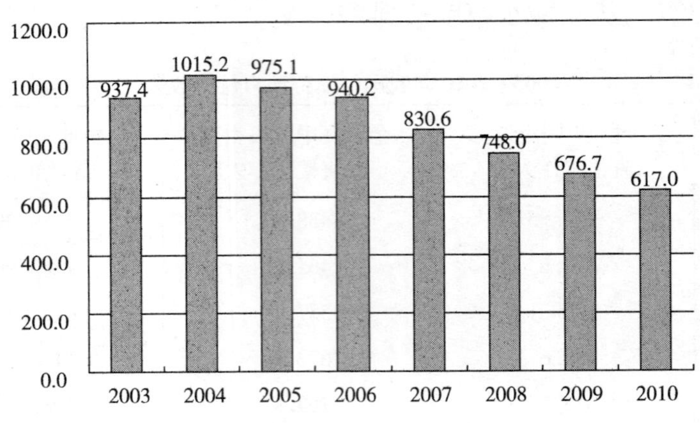

图 4.3 2003 ~ 2010 年农村初中毕业生数（万人）

数据来源：历年《中国农村统计年鉴》。

第二，我国各阶段教育事业的发展，特别是高等教育扩招，使得大批高中毕业生有机会继续升学，进一步减少了低端劳动力的供给。从 2003 年到 2010 年，我国高等教育毛入学率由 17% 上升至 26.5%，普通高等教育本专科招生人数由 2003 年 382 万人增长至 2010 年 661 万人，增长超过 73%。高等教育的扩招提高了适龄学生接受高中阶段教育的积极性，带动了高中阶段教育的发展，导致更多的初中毕业生升入高中阶段学习，高中阶段学生数量逐年上升（见表 4.6）。从 2003 年到 2010 年，全国高中阶段教育入学人数从 1267.9 万人增长到 1706.66 万人，增长了近 35%。其中，普通高中的扩招尤为明显，2008 年比 2003 年多毕业 378 万人，增长近 82%。教育的发展，使得越来越多的农村初、高中毕业生能够继续学习，直接进入社会工作的人数减少，从另一个方面加快了低端劳动力供给的下降。

表 4.5 我国各阶段教育毕业及招生人数变化情况 单位：万人

年份	全国初中毕业生人数	普通高等教育本专科招生人数	全国高中阶段教育入学人数	全国普通高中毕业人数
2003	2018.46	382.17	1267.9	458.12
2004	2087.3	447.34	1387.7	516.94
2005	2123.4	504.5	1533.4	661.57
2006	2071.6	546.1	1619	727.07
2007	1963.7	565.9	1650.2	788.31
2008	1867.6	607.66	1649.1	836.06
2009	1797.7	639.49	1698.9	823.72
2010	1750.35	661.76	1706.66	794.43

数据来源：同表 4.4。

3. 低端劳动力结构的变化

教育发展也使得低端劳动力的结构发生变化。一方面是初中毕业直接参加工作的数量呈锐减态势。2010 年初中毕业生直接工作的劳动力为 43.69 万人，不足 2003 年的 6%。另一方面是接受完高中阶段教育直接参加工作的劳动力数量稳步上升。2010 年接受完高中阶段教育后直接工作的人数为 806.94 万人，比 2003 年多了近 370 万人，增长了 84%。这两方面的综合影响，就是新增低端劳动力的文化程度整体不断提高。

表 4.6 高中阶段教育毕业生人数及结构 单位：万人

年份	接受高中阶段教育后直接工作人数	普通高中毕业后直接参加工作的人数	职高、中专、技校等毕业后直接参加工作的人数
2003	438.83	75.95	362.88
2004	464.36	69.6	394.76
2005	587.7	157.07	430.63
2006	672.4	180.97	491.43

续表

年　份	接受高中阶段教育后直接工作人数	普通高中毕业后直接参加工作的人数	职高、中专、技校等毕业后直接参加工作的人数
2007	769.8	222.41	547.39
2008	818.34	228.4	589.94
2009	819.21	184.23	634.98
2010	806.94	132.67	675.8

数据来源：同表4.4。

接受高中阶段教育后直接工作人数的增长，主要表现为职业高中、中专、技校等毕业生增长较快。2010年，职业高中、中专、技校等各类毕业生为675.8万人，比2003年多了313万人，增长了86%，大部分为农村生源。这也促进了新增低端劳动力技能素质的整体提升。

表4.7　　2003～2009年我国技工学校及职业高中毕业生数量

年　份	技工学校		职业高中	
	毕业生数（万人）	比上年增加（%）	毕业生数（万人）	比上年增加（%）
2003	45.3	-0.2	112.9	—
2004	53.5	18.1	125.6	11.2
2005	69.0	29.0	153.1	21.9
2006	86.4	25.2	170.3	11.2
2007	99.7	15.4	190.9	12.1
2008	109.0	9.3	211.6	10.8
2009	115.2	5.7	229.2	8.3
2010	121.6	5.6	230.2	0.4

数据来源：同表4.4。

总体来看，人口增长放缓和结构变化，导致作为低端劳动力最终源泉的新增劳动力数量下降，教育发展和大学扩招又导致直接进入劳动力市场的初高中毕业生数量下降，在剩余劳动力存量不断被吸收的情况下，农村剩余劳动力总量，尤其是年龄在40岁以下的有效剩余劳动力数量必然会出现下降。

四、“刘易斯转折”与我国农村剩余劳动力的减少

（一）“刘易斯转折理论”的演进与内涵

“刘易斯转折理论”是发展经济学的一个重要理论，对于判定二元经济发展阶段和劳动力转移形势有重要意义。

1954 年发展经济学家阿瑟·刘易斯（W. Arthur Lewis）发表了题为《劳动无限供给条件下的经济发展》的论文。在这篇论文中，刘易斯提出了自己的“二元经济”发展模式。刘易斯假设在一国经济中存在着代表先进生产力的现代工业部门和代表落后生产力的农业部门，同时，由于刘易斯认为，在大多数发展中国家，农业劳动的边际生产率极低，因而在一个固定的工资水平上，工业部门面临的农业剩余劳动力的供给曲线是水平的，即无限供给的劳动力。从这两个假设出发，刘易斯描绘了发展中国家工业化和农业剩余劳动力转移的图景：农业剩余劳动力在固定不变的工资率下向工业部门转移，工业部门的资本积累增加，工业部门的边际生产率曲线向外移动，更多的农业剩余劳动力转向了工业部门，这个过程不断地重复下去，直至农业中的剩余劳动力全部被工业部门所吸收。此时，如果工业部门继续扩大生产，其面临的农业劳动力供给曲线将由水平变得向右上倾斜，如果工业部门不增加工资，将不再可能从农业部门吸纳农业劳动力。农业剩余劳动力的供给曲线由水平变为倾斜的那一点，被称为刘易斯转折点。

尽管刘易斯 1954 年的模型描绘了发展中国家工业化的可能途

径并提供了农业剩余劳动力转移的全新思路，但这个模型的不足是明显的，其中最为重要的有两点：一是大多数经济学家认为，所谓边际产品为零的农业剩余劳动力，从而对工业部门的劳动力形成无限供给的情况是不存在的；二是这个模型描绘的经济增长过程实质上是不可持续的，它忽视了农业部门的发展和技术进步对工业发展的作用。如果农业部门的收入长期维持在生存水平上，那么在封闭条件下农业部门将无力购买工业品，工业部门的资本积累也无法完成。这就是说，刘易斯 1954 年模型所描绘的农业劳动力供给曲线向右上倾斜的部分，进而所谓的刘易斯转折点是不可能存在的。

20 世纪 60 年代初，经济学家拉尼斯（Ranis Gustav）和费景汉（Fei. John C. H）又提出了一个新的劳动力流动模型，即“费—拉模型”以修正刘易斯模型的不足，费—拉模型认为，在给定土地面积和农业技术的条件下，随着农业劳动投入的增加，农业劳动的边际产出不断递减直至为零，由于此时再增加任何劳动投入，农业的总产出都不会增加，因此，他们把边际产出为零的劳动力称为“多余劳动力”。他们还认为，农业工资等于农业的人均产出，并称之为“不变制度工资”，即使是“多余劳动力”也应获得这一工资，因为低于这一工资水平，他们将无法维持生存，在这一假设的基础上，他们把边际生产率大于零但低于人均产出的农业劳动者称作“伪装失业者”。农业部门劳动力转移的第一阶段是将边际生产率为零的那部分劳动力先转移出来；第二阶段是将边际生产率大于零但小于平均收入的那一部分劳动力转移出来；第三阶段是对农业中边际生产率大于平均收入的劳动力进行转移。在第二阶段，由于转移出来的农业劳动力的边际生产率大于零，农业的总产出将下降，粮食供给将出现短缺，因而，第二阶段的起始点被他们称为“短缺点”。在第三阶段，由于农业中的剩余劳动力已全部被转出，工、农两部门都将面临向右上倾斜的劳动供给曲线，两部门的工资均由市场决定，农业部门已经资本主义化了，因而第三阶段的起始点被他们称作“产业化点”①。

1972 年，刘易斯又发表了题为《对无限劳动力的反思》的论文。在这篇论文中，刘易斯提出了两个转折点的论述。当二元经济发展由第一阶段转变到第二阶段，劳动力由无限供给变为短缺，此时，由于传统农业部门的压力，现代工业部门的工资开始上升，第一个转折点，即“刘易斯第一拐点”开始到来；在“刘易斯第一拐点”开始到来，二元经济发展到劳动力开始出现短缺的第二阶段后，随着农业的劳动生产率不断提高，农业剩余进一步增加，农村剩余劳动力得到进一步释放，现代工业部门的迅速发展足以超过人口的增长，该部门的工资最终将会上升。当传统农业部门与现代工业部门的边际产品相等时，也就是说传统农业部门与现代工业部门的工资水平大体相当时，意味着一个城乡一体化的劳动力市场已经形成，整个经济——包括劳动力的配置——完全商品化了，经济发展将结束二元经济的劳动力剩余状态，开始转化为新古典学派所说的一元经济状态，此时，第二个转折点，即“刘易斯第二拐点”开始到来。显然，“刘易斯第一拐点”与“刘易斯第二拐点”的内涵是不同的，都具有标志性的象征意义，前者的到来为后者的实现准备了必要的前提条件，但后者的意义是决定性的。对照“费景汉—

① 赵显洲：“关于‘刘易斯转折点’的几个理论问题”，《经济学家》，2010 年第 5 期。

拉尼斯模型”中的三阶段划分，该模型中从第一阶段转化到第二阶段的过渡点即为“刘易斯第一拐点”，该模型中从第二阶段转化到第三阶段的过渡点即为“刘易斯第二拐点”。从“刘易斯第一拐点”到“刘易斯第二拐点”的进程被称为“刘易斯转折阶段”。

从一些国家的经验来看，刘易斯转折阶段需要经过数十年的时间，但后发国家的这个跨越时期有显著缩小的趋势。美、英等国大约经历了六七十年的时间，而日本和韩国大约只用了不到二十年的时间。除了普通劳动力工资的持续快速上涨，日本、韩国在刘易斯转折阶段在城镇化率、农业就业比重等方面也出现一些共同的特征，如完成刘易斯转折时城镇化率都高于60%，农业就业比重都低于20%等。

（二）我国刘易斯转折阶段进程的国际比较

1. 我国已经进入了刘易斯第一转折点

自2004年开始，我国首先在珠三角地区出现“民工荒”现象，以后几年“民工荒”现象愈演愈烈，到2010年前后，不仅是东部地区，甚至中西部地区也开始出现招工难现象。与此同时，各地区不断上调最低工资标准，农民工实际工资也有显著上升。总之，无论是大规模的抽样、经验观察还是相关研究成果都表明，我国正在经历着劳动力从无限供给到出现短缺的转变，目前已经进入了“刘易斯第一转折点”。

从国际比较来看，我国的情况与日、韩开始进入第一个刘易斯转折点的情况尚有差距，产业结构变动提前而就业结构、城乡结构和城乡居民收入均衡程度都滞后。导致这种现象的主要原因在于我国特殊的城乡二元体制及相关制度。因此，判断我国刘易斯转折阶段的进程，既要借鉴参考国际经验，更要结合我国实际。

2. 我国刘易斯第二转折点到来时间的理论分析

结合相关理论和国际经验，可以从以下三个方面来考虑。

一是农村剩余劳动力转移程度。根据目前我国农村剩余劳动力供应特点，结合中长期经济增长对劳动力的需求，以及中国人口结构变化预测等因素，采用 DRC－CGE 模型对新增劳动力转移进行供求模拟，结果显示，“十二五”期间我国每年新增转移大约在 800 万～950 万人之间，2016～2020 年每年约为 600 万～750 万人，而 2021～2025 年间为 500 万～600 万人左右，2030 年前每年新增转移约 400 万人。这其中包括了通过上大学等途径实现的劳动力转移，农民工转移总量要少于总转移人数。根据模拟结果，“十二五”期间我国每年将新增农民工 500 万～600 万人，“十三五”期间为 350 万～450 万人，2020～2030 年间每年新增 200 万～300 万人，到 2028 年前后农民工累计将达到 2.9 亿人。

根据模拟结果，预计到“十二五”末期，农业从业人员约在 2.5 亿左右，到 2020 年约为 2.14 亿人，到 2025 年，农业从业人员将减少到 1.85 亿人左右，占全部就业人员比重约 24%，到 2030 年减少到 1.6 亿人左右，占全部从业人员比重 21% 左右。而一般估计我国农业需要的劳动力数量为 1.8 亿～1.9 亿（例如蔡昉、王美艳，2009）[①]，也就是说到 2025～2030 年，我国剩余劳动力转移将基本完成。

① 引自韩俊主编《中国农民工战略问题研究》，上海远东出版社，2009。

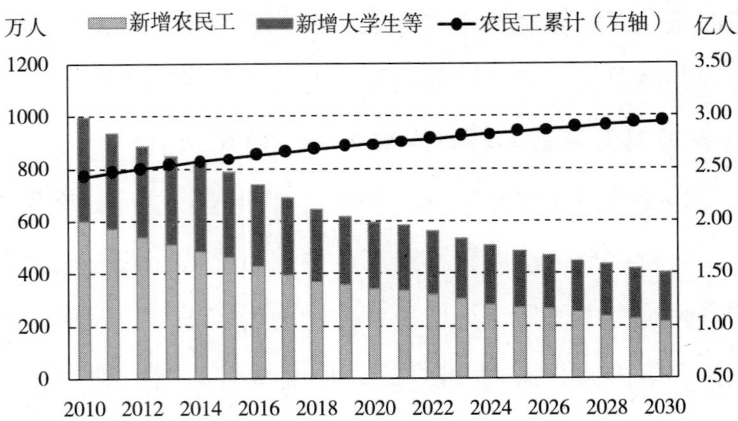

图 4.4　中长期我国新增劳动力转移模拟结果

说明：2010 年的累计已经转移劳动力为 2.4223 亿人，数据引自《2010 年农民工监测报告》。

表 4.8　我国未来劳动力转移模拟结果

年　份	新增转移（万人）	其中：农民工（万人）	农民工累计（亿人）	年　份	新增转移（万人）	其中：农民工（万人）	农民工累计（亿人）
2011	938	575	2.46	2021	586	337	2.76
2012	890	539	2.49	2022	562	321	2.78
2013	852	512	2.53	2023	535	303	2.80
2014	820	485	2.56	2024	507	284	2.83
2015	790	466	2.59	2025	486	274	2.85
2016	737	431	2.62	2026	468	266	2.87
2017	688	399	2.65	2027	450	256	2.89
2018	646	373	2.68	2028	435	241	2.91
2019	618	357	2.71	2029	419	226	2.93
2020	596	345	2.73	2030	404	214	2.94
十二五	4289	2577		十四五	2676	1518	
十三五	3286	1905		十五五	2177	1204	

注：新增转移劳动力中农民工的比重，假设等于每年新参加工作劳动力中农民工所占的比重。每年新参加工作劳动力中，高等教育毕业生（含高职）作为大学生，其余人员作为农民工计算。

数据来源：DRC－CGE 模型结果。

二是农业就业的比重。经济增长将带来非农劳动力就业的持续增长。根据 DRC - CGE 模型的模拟结果，中长期内我国农村劳动力仍将持续向二、三产业转移。预计到“十二五”末期，农业从业人员约在 2.5 亿左右，到 2020 年约为 2.14 亿人，到 2025 年，农业从业人员将减少到 1.85 亿人左右，占全部就业人员比重约 24%，到 2030 年减少到 1.6 亿人左右，占全部从业人员比重 21% 左右，接近于日、韩等达到的刘易斯第二转折点时期的水平。

表 4.9　　我国未来劳动力从业结构变化

	2010 年	2015 年	2020 年	2025 年	2030 年	2050 年
总从业人员（亿人）	7.84	7.94	7.85	7.74	7.56	6.76
其中：第一产业	2.89	2.50	2.14	1.85	1.59	0.97
第二产业	2.05	2.11	2.09	2.02	1.94	1.74
第三产业	2.89	3.33	3.62	3.87	4.03	4.05
就业结构（%）						
其中：第一产业	36.9	31.5	27.3	23.9	21.0	14.3
第二产业	26.2	26.6	26.6	26.1	25.7	25.8
第三产业	36.9	41.9	46.1	50.0	53.3	59.9

数据来源：DRC - CGE 模型计算结果。

三是城镇化水平。根据国际经验并结合我国特点，预计我国城市化水平的峰值在 70% ~75% 之间。到“十二五”末期城镇化水平在 54% 左右，到 2020 年城市化率达到 59% 左右，2030 年城镇化率达到 66% 左右，接近日、韩两国到达刘易斯第二转折点时的城镇化率水平（60% 左右）。

基于上面的分析，从理论上来看，预期到 2025 ~2030 年间，我国将基本完成劳动力转移，到达刘易斯第二转折点，进入二元经济彻底终结，城乡一体化发展的新阶段。

（三）我国刘易斯第二转折点有可能提前到来

我国特殊的城乡二元体制、农村基本经营制度和农村剩余劳动力的构成，可能使我国刘易斯第二转折点提前到来。

1. 有效剩余劳动力规模已经很小

如前文分析，虽然我国农村剩余劳动力总量还有 1 亿人左右，但其中有 6500 万左右是 40 岁以上的，而且以女性为主，以初中以下文化程度为主，以剩余劳动时间为主，基本不能实现转移，不是有效剩余劳动力。农村剩余劳动力中真正可外出务工的只有不到 3500 万人，也就是说农村有效剩余劳动力只有 3500 万人左右。由于对不同年龄劳动力的需求量不同，而不同年龄劳动力之间又不可能完全替代，因而仅仅增加就业总量，未必能解决特定年龄群乡村劳动力的就业问题，反而可能在某些年龄群的乡村劳动力（例如中老年劳动力）依然剩余的情况下，另外一些年龄群的劳动力（例如 25 岁以下劳动力或技工）供不应求。

2. 农村有效剩余劳动力将在“十三五”期间基本实现转移

根据我国人口预测以及《国家中长期教育改革和发展规划纲要》中对教育发展的规划，预计“十二五”期间平均每年约有初中毕业生 1700 万人左右，其中，除 825 万人进入普通高中学习外，约 180 万人直接参加工作，约 610 万人进入中等职业中学学习，合计每年近 800 万人中大部分为新转移的农民工①。预计“十三五”

① 800 万人中有少部分属于城市户口。

期间平均每年有初中毕业生1620万人，其中，进入普通高中约830万人，直接参加工作和接受中等职业教育的共约740万人，在这当中绝大部分是农村人口，是农民工主要组成部分。

表4.10　　中长期全国新参加工作劳动力构成估计　　单位：万人

时期（年）	初中毕业生	初中毕业后的去向				
		直接参加工作（含经过技能培训）	中等职业学校	小　计	高中及后续的高职和高等教育	不参加工作
2011～2015	1701	186	610	797	825	80
2016～2020	1621	127	610	737	829	54
2021～2025	1588	105	596	700	843	45
2026～2030	1685	99	624	723	920	42

注：主要的农民工群体未去除城镇劳动力。
数据来源：根据人口预测及教育规划计算。

"十二五"期间，我国城乡新增劳动力约4000万人，其中农村新增劳动力约2000万人（假定农村新增劳动力占全国的50%左右）。另一方面，农村转移劳动力将增加约4300万人，扣除农村新增劳动力（从实际情况来看，可以假定新增劳动力全部外出就业），存量转移约2300万人（4300－2000＝2300），则"十二五"末期有效剩余劳动力仅有1200万人（3500－2300＝1200），按照常规的转移速度，这些有效剩余劳动力将在"十三五"中期转移完毕。也就是说，我国刘易斯第二转折点实际上有可能在2017年左右来到，2020年前我国将可能完成具有中国特色的刘易斯转折进程。

五、我国农民工工资的增长趋势

（一）从国际比较看我国劳动力成本上涨空间

根据欧盟委员会1999年对劳动力成本的定义，劳动力成本是以实际工时为单位计算的，分为直接工时工资和附加人力成本两个部分。欧盟每四年进行一次世界主要工业国家劳动力成本统计，在此基础上，德国科隆经济研究所每年更新一次国际劳动力成本比较。

根据德国科隆经济研究所发布的数据，2006年挪威每个工时的直接工资为25.02欧元，附加人力成本为13.04欧元，附加成本占整个劳动力成本的52.1%。与此相比，法国虽然每个工时的直接成本仅为15.43欧元，但其劳动力成本为31.28欧元，其附加人力成本的比例高达102.8%，几乎是挪威的一倍。从图4.5所列42个国家制造业劳动力成本的比较可见，2009年挪威仍然高居榜首，为每小时43.46欧元。由于近些年来美元的不断贬值，美国的相对劳动力成本已经大大下降，2006年还略高于意大利，到2009年就已经比意大利低4.45欧元，在所有的42个样本国家中排在第14位。我国的劳动力成本与西方发达国家相比是具有绝对优势的。在所有42个样本国家中，劳动力成本最低的是菲律宾，仅为1.33欧元。我国的劳动力成本以2.25欧元/工时排在第38位，大大低于西方发达国家，约相当于美国的十分之一。韩国为11.49欧元，排在第22位。因此，在亚洲范围内，与韩国相比，我国的制造业劳动力成本具有明显的优势。根据2009年的统计数据，制造业农民工的月平均工资为1331元，按目前1欧元约等于10元人民币计算，仅为133.1欧元/月，月工资还不及大部分西方国家的日工资。因此，单从工资上看，农民工的工资即使再继续提高，在相当长一段时间内并不会在国际上失去价格优势。

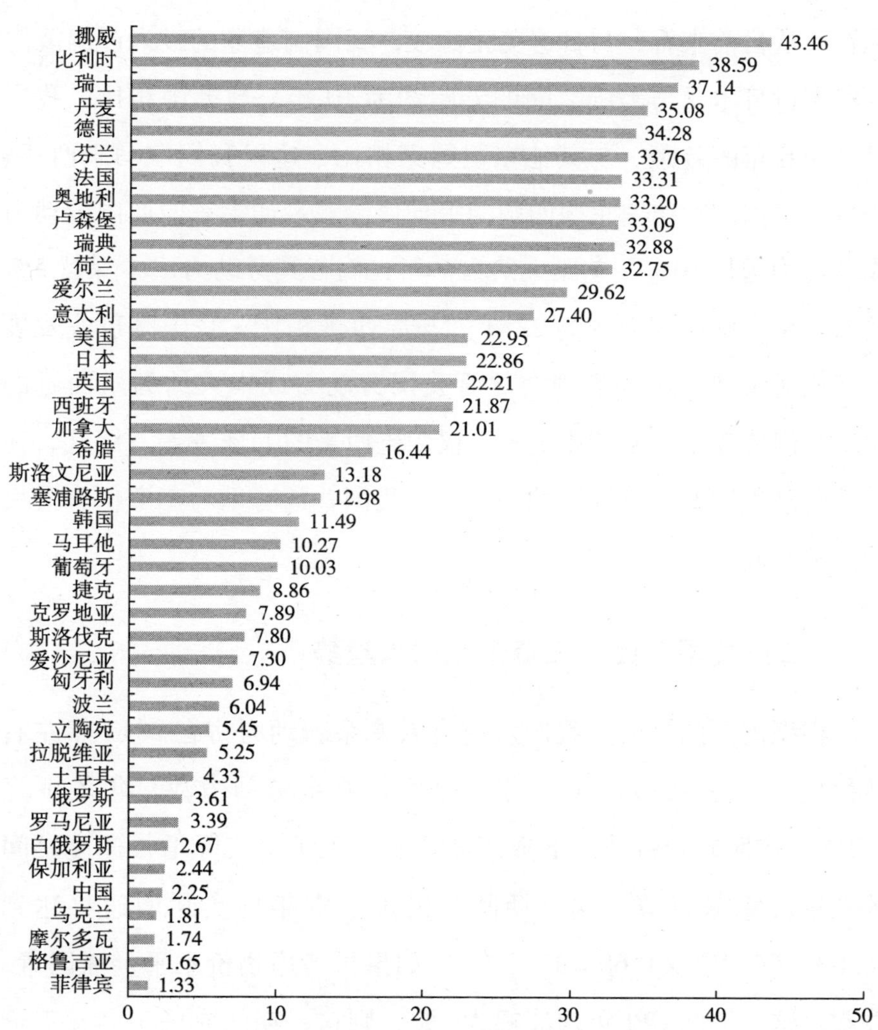

图4.5　2009年制造业劳动力成本国际比较

（每个工时劳动力成本，以欧元为计算单位）

数据来源：德国科隆经济研究所IW - Trends，2010年10月第3期。

此外，即便是我国劳动力成本在今后几年将大幅度上升，并且上升幅度超过与我们处于竞争状态的国家，但劳动力成本间的差距可以通过劳动力生产率间的差距来抵消，也就是说，一国由于劳动力成本高昂所造成的经济竞争劣势可以通过提高劳动力生产效率来弥补。从目前来看，与日、美相比较，我国制造业的投入产出能力已经超过日本，与美国之间的差距约为 10 年。与韩国相比，我国存在着 6 年的差距。与其他东盟国家相比，这里我们取马来西亚、印尼、泰国、菲律宾东盟四国的平均值测算，如果东盟四国劳动力成本年均增长 10%，差距大约为 7 年，倘若其劳动力成本保持 5% 的增长率，则差距大约为 22 年。与墨西哥相比，我国制造业发展处于绝对劣势，主要表现在尽管我国劳动力成本大约为墨西哥的 30%，但劳动生产率相差更大，仅为墨西哥的 11% 左右。因此，在保持劳动生产率持续提高的基础上，我国普通劳动力工资仍有较大的上涨空间。

（二）我国农民工工资未来增长趋势

根据前面的分析，我国农村有效剩余劳动力将在 2017 年左右转移完毕，则 2010 ~ 2017 年整个农村剩余劳动力数量年均下降 6.4%，按照剩余劳动力下降速度与农民工工资实际增长速度之间的数量关系来推算，这一期间农民工工资年均实际增速将达到 10.8%（6.4% ×1.68 =10.8%）。如果再考虑物价水平上涨因素，并假定这一期间 CPI 年均涨幅为 3%，则这一期间农民工名义工资年均将增长 14% 左右。

另外根据《人力资源和社会保障事业发展“十二五”规划纲

要》，未来5年，我国最低工资标准年均增长13%以上，绝大多数地区最低工资标准将达到当地城镇从业人员平均工资的40%以上。由于农民工工资主要由最低工资和加班补偿构成，因此，从政策层面来看，未来农民工工资实际增速不会低于13%。

由于农民工工资和制造业、低端服务业、农业雇工工资高度相关，因此，从“十二五”到“十三五”期间，这些行业普通劳动力工资名义增速将保持在14%以上。

本章小结

数据分析表明，农民工工资的持续上涨，主要是由于我国已进入了刘易斯第一转折点，农村剩余劳动力持续下降。由2000年的1.5亿人左右下降到2012年的0.85亿人左右，能外出务工的有效剩余劳动力还不到3000万人。

农村剩余劳动力下降的原因在于我国人口结构变动及教育发展。人口增长放缓和结构变化，导致作为低端劳动力最终源泉的新增劳动力数量下降，教育发展和大学扩招又导致直接进入劳动力市场的初高中毕业生数量下降，在剩余劳动力存量不断被吸收的情况下，农村剩余劳动力总量，尤其是年龄在40岁以下的有效剩余劳动力数量必然会出现下降。

民工工资在未来较长时间内还将持续快速增长。从理论分析和国际比较来看，我国将在2025～2030年期间基本完成劳动力转移，到达刘易斯第二转折点。但我国特殊的城乡二元体制、农村基本经营制度和农村剩余劳动力结构，可能使我国刘易斯第二转折点提前到“十三五”中期到来。这意味着，我国以农民工为主体的普通劳动力工资在未来较长时间内仍将持续增长，增速可能不低于10%。

第五章 农业转移人口未来发展意愿及消费发展趋势

农业转移人口的发展意愿是影响他们未来消费地域和消费趋势的重要因素。而发展意愿主要包括几个方面：长期居住意愿、迁入户口意愿、购房建房意愿以及养老意愿等。本部分重点分析农业转移人口不同发展意愿的差异，并在此基础上分析其未来消费发展趋势。

一、农业转移人口发展意愿总体状况

从长期居住意愿来看，有56%的农业转移人口打算在流入地长期居住。其中，近7成举家外出农业转移人口打算在流入地长期居住，第一代和80后农业转移人口有近60%打算在流入地长期居住，约45%的90后农业转移人口打算在流入地长期居住。

从迁户意愿来看，有54.5%的农业转移人口愿意把户口迁入流入地。其中，愿意迁入户籍比例最高的是举家外出农业转移人口，高达63%；其次是80后，第三是第一代农业转移人口，最低的是90后农业转移人口，为47.4%。这一选择比例的分布与居住意愿选择高度一致。

关于购房建房意愿，农业转移人口选择的次序是：回户籍地的村或乡镇建房（33.7%），在本地购房（26.6%），没有打算（20.6%），回户籍地的县（市、区）或乡镇购房（15.4%），回户籍地地级市购房（1.8%），回户籍地省会城市购房（0.7%）。其中，举家外出农业转移人口打算在本地购房的比例最高，达37.3%；近三成的80后打算在本地购房；第一代农业转移人口打算回户籍地的村或乡镇建房的比例最高，达37.1%；约30%的90后农业转移人口对于将来的居住状况还没有打算。总体来看，回户籍地县域内购建房的选择最多，达到49.1%。各群体这一选择的比例都是最高的，90后为51.2%，第一代为50.9%，80后为46.5%，举家外出群体选择的比例也达到40.4%。而选择回户籍地省会城市、地级市的比例非常低，合计均不超过3.2%。

从养老意愿来看，农业转移人口选择比例的分布与购建房选择很一致，依次是：回户籍地的村或乡镇养老（43.8%），没有打算（21.4%），在本地养老（17.9%），回户籍地的县（市、区）或乡镇养老（13.9%），回户籍地地级市养老（2.1%），回户籍地省会城市养老（0.7%）。选择回县域内养老的，都超过50%。打算回户籍地的村或乡镇养老的比例最高，其中，第一代农业转移人口为50%左右，举家、80后、90后都有40%的人口打算回户籍地乡镇、村养老。还有13.9%的农业转移人口打算回户籍地县（市、区）或乡镇养老。从选择流入地养老的比例来看，25%的举家外出农业转移人口打算在本地养老，第一代和80后农业转移人口此比例为20%左右，而90后农业转移人口确定在流入地养老的比例仅为10%。

表5.1　　　农业转移人口发展意愿（%）

	农业转移人口	不同群体			
		举家外出农业转移人口	第一代农业转移人口	80后农业转移人口	90后农业转移人口
是否打算在本地长期居住					
是	56.0	68.8	57.2	58.9	44.4
否	44.0	31.2	42.8	41.1	55.6
是否愿意把户口迁入本地					
是	54.5	63.0	53.4	58.4	47.4
否	45.5	37.0	46.6	41.6	52.6
打算在哪里购房、建房					
回户籍地的村或乡镇建房	33.7	28.7	37.1	30.0	33.8
回户籍地的县（市、区）或乡镇购房	15.4	11.7	13.8	16.5	17.4
回户籍地地级市购房	1.8	1.3	1.3	2.3	2.0
回户籍地省会城市购房	0.7	0.5	0.5	0.8	1.2
在本地购房	26.6	37.3	27.1	30.1	16.0
没有打算	20.6	19.2	18.8	19.4	29.1
其　他	1.1	1.4	1.4	0.9	0.6
打算在哪里养老					
回户籍地的村或乡镇养老	43.8	39.8	49.4	39.2	39.6
回户籍地的县（市、区）或乡镇养老	13.9	11.9	13.1	14.6	14.5
回户籍地地级市养老	2.1	1.7	1.7	2.6	2.1
回户籍地省会城市养老	0.7	0.5	0.5	0.8	0.9
在本地养老	17.9	25.3	18.3	20.1	10.6
没有打算	21.4	20.6	16.8	22.6	32.3
其　他	0.2	0.3	0.3	0.2	0.1

总体来看，农业转移人口在流入地长期居住意愿>往流入地迁户意愿>在流入地购建房意愿>在流入地养老意愿。而且四类群体的选择顺序都差不多，只是举家外出农业转移人口选择在本地的比

例相对高一些，第一代农业转移人口选择回户籍地的比例相对高一些，90后农业转移人口选择没有打算的比例相对高一些。这说明，大多数农业转移人口在近中期内，还会在流入地发展，但从长期看，还是要回到老家。特别是，农业转移人口购建房、养老意愿与长期居住、迁户意愿存在较大反差，这也说明其难以接受城市高房价、高生活成本，文化难以融入的现实困境。

另外，农业转移人口选择回户籍地省会城市、地级市购建房和养老的比例都非常低，这将对我国未来城市发展格局产生重要影响。

二、农业转移人口发展意愿的影响因素

（一）收入水平越高，在流入地发展的意愿越强；收入水平越低，回户籍地发展的意愿越强

收入水平越高，农业转移人口打算在流入地长期居住的比例越高。例如，家庭年收入为20000元及以下的农业转移人口打算在流入地长期居住的比例仅为41.9%左右，而20001~40000元的此比例为47.4%，40001~60000元的比例为56.3%，60001~99999元的为62.4%，10万及以上收入的农业转移人口打算在流入地长期居住的比例最高，达75.8%。

收入水平越高，农业转移人口打算把户口迁入流入地的比例越高。例如，家庭年收入为20000元及以下的农业转移人口打算把户口迁入流入地的比例仅为47.3%左右，而20001~40000元的此比

例为48.2%，40001～60000元的比例为55.6%，60001～99999元的为58.9%，10万及以上收入的农业转移人口打算把户口迁入流入地的比例最高，达66.0%。

从分析结果来看，农业转移人口的收入水平与购房建房意愿之间也存在正相关关系。收入水平越高，农业转移人口打算在流入地买房的比例越高，回户籍地县（市、区）、乡镇、村建房、购房的比例越低。例如，家庭年收入为20000元及以下的农业转移人口打算在流入地买房的比例仅为14.1%左右，而20001～40000元的此比例为18.9%，40001～60000元的比例为26.2%，60001～99999元的为32.5%，10万及以上收入的农业转移人口打算在流入地买房的比例最高，达46.7%。

表5.2　　农业转移人口家庭年收入水平与购房建房意愿　　单位：人,%

观察值/占比		未来打算在哪里购房、建房							合　计
		户籍地乡镇村	户籍地县镇	户籍地地级市	户籍地省会城市	本　地	没有打算	其　他	
收入水平	20000元及以下	356	164	18	7	143	318	5	1011
		35.2	16.2	1.8	0.7	14.1	31.5	0.5	100
	20001～40000元	1877	869	93	46	955	1187	30	5057
		37.1	17.2	1.8	0.9	18.9	23.5	0.6	100
	40001～60000元	2081	899	98	28	1503	1070	54	5733
		36.3	15.7	1.7	0.5	26.2	18.7	0.9	100
	60001～99999元	1004	491	64	28	1042	537	37	3203
		31.4	15.3	2.0	0.9	32.5	16.8	1.2	100
	10万及以上	347	169	30	14	817	317	54	1748
		19.9	9.7	1.7	0.8	46.7	18.1	3.1	100
合　计		5665	2592	303	123	4460	3429	180	16752
		33.8	15.5	1.8	0.7	26.6	20.5	1.1	100

收入水平越高，农业转移人口打算在流入地养老的比例越高，回户籍地县（市、区）、乡镇、村养老的比例越低。例如，收入为20000元及以下的农业转移人口打算在流入地养老的比例仅为10.5%左右，而20001～40000元的此比例为12.7%，4001～6000元的比例为17.3%，60001～99999元的为21.8%，10万及以上收入的农业转移人口打算在流入地养老的比例最高，达32.2%。

表5.3　　农业转移人口家庭年收入水平与养老意愿　　单位：人,%

观察值/占比		未来打算在哪里养老							合　计
		户籍地乡镇村	户籍地县镇	户籍地地级市	户籍地省会城市	本　地	没有打算	其　他	
收入水平	20000元及以下	419	142	19	8	106	317	0	1011
		41.4	14.1	1.9	0.8	10.5	31.4	0	100
	20001～40000元	2369	748	103	36	641	1153	7	5057
		46.9	14.8	2.0	0.7	12.7	22.8	0.1	100
	40001～60000元	2692	798	114	29	994	1097	9	5733
		47.0	13.9	2.0	0.5	17.3	19.1	0.2	100
	60001～99999元	1342	452	72	22	699	606	10	3203
		41.9	14.1	2.3	0.7	21.8	18.9	0.3	100
	10万及以上	533	194	47	18	562	387	7	1748
		30.5	11.1	2.7	1.0	32.2	22.1	0.4	100
合　计		7355	2334	355	113	3002	3560	33	16752
		43.9	13.9	2.1	0.7	17.9	21.3	0.2	100

总体来看，农业转移人口的收入水平与其在流入地发展意愿之间具有显著的相关关系。收入水平越高，农业转移人口打算在流入地长期居住、迁入户口、购房养老的比例越高；收入水平越低，农业转移人口打算长期居住、迁入户口、购房养老的比例越低。

（二）已购住房的农业转移人口打算在流入地发展的比例显著提高

已购政策性保障房的农业转移人口打算在流入地长期居住的比例最高，高达95.8%；其次是已购商品房和自建房人口，他们打算长期居住的比例分别为90.4%和80.3%；租住私房的比例为56.8%；租住单位/雇主房的比例为45%；政府提供廉租房、单位/雇主提供免费住房的农业转移人口长期居住意愿较低，分别为37.8%和32.0%。

已购政策性保障房的农业转移人口打算把户口迁入流入地的比例也最高，达79.2%；其次是已购商品房人口，他们打算迁入户口的比例为77.8%；租住私房的比例为55.3%；租住单位/雇主房的比例为48.5%；单位/雇主提供免费住房的迁户意愿最低，仅为37.0%。

从农业转移人口住房类型与购房、建房意愿的交叉分析结果来看，已购政策性保障房和已购商品房的人口打算在本地购房的比例显著高于其他住房类型的农业转移人口，达75.0%和61.5%；租住私房和租住单位/雇主房的农业转移人口打算在流入地买房的比例相对较低，仅为25.5%和20.8%；最低的是单位/雇主提供免费住房的农业转移人口，他们打算在流入地买房的比例仅为11.1%。但单位/雇主提供免费住房的农业转移人口打算回户籍地村、乡镇建房的比例最高，达46.1%。

表 5.4　　　　　农业转移人口住房类型与购房建房意愿　　　　　单位：人，%

观察值/占比		未来打算在哪里购房、建房							合 计
		户籍地乡镇村	户籍地县镇	户籍地地级市	户籍地省会城市	本 地	没有打算	其 他	
住房类型	租住单位/雇主房	596	340	35	26	356	346	9	1708
		34.9	19.9	2.1	1.5	20.8	20.3	0.5	100
	租住私房	3930	1695	181	59	2836	2372	68	11141
		35.3	15.2	1.6	0.5	25.5	21.3	0.6	100
	政府提供廉租房	14	9	0	0	8	6	0	37
		37.8	24.3	0	0	21.6	16.2	0	100
	政府提供公租房	13	32	5	0	12	10	0	72
		18.1	44.4	6.9	0	16.7	13.9	0	100
	单位/雇主提供免费住房	788	374	55	23	189	265	17	1711
		46.1	21.9	3.2	1.3	11.1	15.5	1.0	100
	已购政策性保障房	2	1	0	1	18	1	1	24
		8.3	4.2	0	4.2	75.0	4.2	4.2	100
	已购商品房	114	43	11	10	851	272	83	1384
		8.2	3.1	0.8	0.7	61.5	19.7	6.0	100
	借住房	72	42	5	2	80	51	0	252
		28.6	16.7	2.0	0.8	31.8	20.2	0	100
	就业场所	118	51	11	2	100	113	2	397
		29.7	12.9	2.8	0.5	25.2	28.5	0.5	100
	自建房	22	5	1	0	31	10	2	71
		31.0	7.0	1.4	0	43.7	14.1	2.8	100
	其他非正规居所	25	11	0	0	14	31	0	81
		30.9	13.6	0	0	17.3	38.3	0	100
合 计		5694	2603	304	123	4495	3477	182	16878
		33.7	15.4	1.8	0.7	26.6	20.6	1.1	100

从农业转移人口住房类型与养老意愿的分析结果来看，已购政策性保障房和已购商品房的打算在本地养老的比例显著高于其他住房类型，达62.5%和49.1%；租住私房和租住单位/雇主房的农业转移人口打算在流入地养老的比例相对较低，仅为16.2%和

13.6%；最低的是单位/雇主提供免费住房和政府提供公租房的农业转移人口，他们打算在流入地养老的比例仅为7.4%和8.3%。但单位/雇主提供免费住房的农业转移人口打算回户籍地村、乡镇养老的比例最高，高达56.7%。

表5.5　　农业转移人口住房类型与养老意愿　　单位：人，%

观察值/占比		未来打算在哪里养老							合　计
		户籍地乡镇村	户籍地县镇	户籍地地级市	户籍地省会城市	本　地	没有打算	其　他	
住房类型	租住单位/雇主房	776	276	42	18	233	360	3	1708
		45.4	16.2	2.5	1.1	13.6	21.1	0.2	100
	租住私房	5018	1529	233	65	1809	2469	18	11141
		45.0	13.7	2.1	0.6	16.2	22.2	0.2	100
	政府提供廉租房	17	8	0	0	4	8	0	37
		46.0	21.6	0	0	10.8	21.6	0	100
	政府提供公租房	20	32	3	0	6	11	0	72
		27.8	44.4	4.2	0	8.3	15.3	0	100
	单位/雇主提供免费住房	970	304	44	19	127	244	3	1711
		56.7	17.8	2.6	1.1	7.4	14.3	0.2	100
	已购政策性保障房	4	1	0	1	15	3	0	24
		16.7	4.2	0	4.2	62.5	12.5	0	100
	已购商品房	248	90	19	5	680	332	10	1384
		17.9	6.5	1.4	0.4	49.1	24.0	0.7	100
	借住房	103	38	2	3	44	62	0	252
		40.9	15.1	0.8	1.2	17.5	24.6	0	100
	就业场所	164	58	10	3	69	92	1	397
		41.3	14.6	2.5	0.8	17.4	23.2	0.3	100
	自建房	28	4	0	0	27	12	0	71
		39.4	5.6	0	0	38.0	16.9	0	100
	其他非正规居所	45	7	2	0	5	22	0	81
		55.6	8.6	2.5	0	6.2	27.2	0	100
合　计		7393	2347	355	114	3019	3615	35	16878
		43.8	13.9	2.1	0.7	17.9	21.4	0.2	100

总体来看，已购政策性保障房和已购商品房的农业转移人口打算在流入地发展的意愿较为强烈；其次是租住私房和租住单位/雇主房的农业转移人口；单位/雇主提供免费住房和政府提供公租房的农业转移人口打算在流入地发展的比例最低。

（三）职业越稳定，农业转移人口在流入地发展的意愿越强

从职业层次来看，公务员、办事人员和有关人员打算在流入地长期居住的比例最高，有73.7%；其次是国家机关、党群组织、企事业单位负责人以及专业技术人员，比例约为67.7%和65.5%；农、林、牧、渔、水利业生产人员有64.6%打算在流入地长期居住，商业、服务业人员的比例为62.1%；生产、运输、建筑、其他生产运输设备操作人员及有关人员的长期居住意愿最低，仅为43.1%。

国家机关、党群组织、企事业单位负责人打算把户口迁入本地的比例最高，有77.4%；其次是公务员、办事人员和有关人员以及专业技术人员，此比例分别为71.6%和65.0%；商业、服务业人员有55.1%打算把户口迁入流入地；农、林、牧、渔、水利业生产人员的比例为59.0%；生产、运输、建筑、其他生产运输设备操作人员及有关人员迁户意愿最低，仅有48.7%。

从购房建房意愿来看，公务员、办事人员和有关人员打算在本地买房的比例最高，有48.7%；其次是国家机关、党群组织、企事业单位负责人以及专业技术人员，此比例分别为43.6%和38.3%；商业、服务业人员有33.0%打算在流入地买房；农、林、牧、渔、水利业生产人员的比例为22.9%；生产、运输、建筑、其他生产运输设备操作人员及有关人员的本地购房意愿最低，仅有15.0%。

表 5.6　　农业转移人口职业类型与购房建房意愿　　单位：人，%

观察值/占比		未来打算在哪里购房、建房							合计
		户籍地乡镇村	户籍地县镇	户籍地地级市	户籍地省会城市	本地	没有打算	其他	
职业类型	国家机关、党群组织、企事业单位负责人	23	3	1	2	27	6	0	62
		37.1	4.8	1.6	3.2	43.6	9.7	0	100
	专业技术人员	206	173	29	14	385	182	16	1005
		20.5	17.2	2.9	1.4	38.3	18.1	1.6	100
	公务员、办事人员和有关人员	11	22	3	4	72	32	4	148
		7.4	14.9	2.0	2.7	48.7	21.6	2.7	100
	经商、商贩、餐饮、家政、保洁、保安、装修、其他商业、服务业人员	2159	953	134	53	2488	1682	82	7551
		28.6	12.6	1.8	0.7	33.0	22.3	1.1	100
	农、林、牧、渔、水利业生产人员	56	28	2	0	33	22	3	144
		38.9	19.4	1.4	0	22.9	15.3	2.1	100
	生产、运输、建筑、其他生产运输设备操作人员及有关人员	2645	1159	107	40	885	996	51	5883
		45.0	19.7	1.8	0.7	15.0	16.9	0.9	100
	无固定工作	95	37	3	0	60	84	0	279
		34.1	13.3	1.1	0	21.5	30.1	0	100
	其他	51	13	0	2	59	44	2	171
		29.8	7.6	0	1.2	34.5	25.7	1.2	100
合计		5246	2388	279	115	4009	3048	158	15243
		34.4	15.7	1.8	0.8	26.3	20.0	1.0	100

公务员、办事人员和有关人员打算在本地养老的比例最高，有38.5%；其次是国家机关、党群组织、企事业单位负责人以及专业技术人员，此比例分别为32.3%和27.1%；商业、服务业人员有

21.6%打算在流入地养老；农、林、牧、渔、水利业生产人员的比例为16.0%；生产、运输、建筑、其他生产运输设备操作人员及有关人员的本地养老意愿最低，仅为10.8%。

表5.7　　农业转移人口职业类型与养老意愿　　单位：人，%

观察值/占比		未来打算在哪里养老							合计
		户籍地乡镇村	户籍地县镇	户籍地地级市	户籍地省会城市	本地	没有打算	其他	
职业类型	国家机关、党群组织、企事业单位负责人	25	0	1	3	20	13	0	62
		40.3	0	1.6	4.8	32.3	21.0	0	100
	专业技术人员	305	167	32	17	272	208	4	1005
		30.4	16.6	3.2	1.7	27.1	20.7	0.4	100
	公务员、办事人员和有关人员	24	20	5	2	57	38	2	148
		16.2	13.5	3.4	1.4	38.5	25.7	1.4	100
	经商、商贩、餐饮、家政、保洁、保安、装修、其他商业、服务业人员	2922	960	184	46	1628	1800	11	7551
		38.7	12.7	2.4	0.6	21.6	23.8	0.2	100
	农、林、牧、渔、水利业生产人员	74	27	0	2	23	18	0	144
		51.4	18.8	0	1.4	16.0	12.5	0	100
	生产、运输、建筑、其他生产运输设备操作人员及有关人员	3224	926	104	31	636	953	9	5883
		54.8	15.7	1.8	0.5	10.8	16.2	0.2	100
	无固定工作	111	36	2	1	45	84	0	279
		39.8	12.9	0.7	0.4	16.1	30.1	0	100
	其他	69	19	0	2	36	43	2	171
		40.4	11.1	0	1.2	21.1	25.2	1.2	100
合计		6754	2155	328	104	2717	3157	28	15243
		44.3	14.1	2.2	0.7	17.8	20.7	0.2	100

总体来看，公务员、办事人员和有关人员，国家机关、党群组织、企事业单位负责人以及专业技术人员在流入地的发展意愿更为强烈，而经商、商贩、餐饮、家政、保洁、保安、装修、其他商业、服务业人员，农、林、牧、渔、水利业生产人员，生产、运输、建筑、其他生产运输设备操作人员及有关人员在流入地的发展意愿较低。

（四）雇员在流入地发展的意愿明显低于其他就业身份人群

雇主、自营劳动者、家庭帮工打算在流入地长期居住的比例相差不大，都在65%以上；但雇员的长期居住意愿要明显降低，仅为49.0%。在没有任何限制的条件下，家庭帮工打算把户口迁入本地的比例最高，达57.2%；其次是雇主和自营劳动者，此比例分别为55.8%和55.1%；雇员打算把户口迁入流入地的比例最低，仅为52.6%。

从购房、建房意愿来看，雇主打算在流入地买房的比例最高，达38.3%；其次是家庭帮工和自营劳动者，此比例分别为36.8%和34.1%；雇员打算在流入地买房的比例最低，仅为21.4%。与之对应，雇员打算回户籍地村、乡镇建房和回户籍地县（市、区）、乡镇购房的比例要明显偏高，两者合计有55.1%（37.3%+17.3%）。

雇主打算在流入地养老的比例最高，达26.7%；其次是家庭帮工和自营劳动者，此比例分别为23.1%和21.0%；雇员打算在流入地养老的比例最低，仅为15.3%。与之对应，雇员打算回户籍地村、乡镇养老的比例要明显偏高，高达46.5%，比自营劳动者、家庭帮工高5个百分点，比雇主高10个百分点。

表 5.8　　农业转移人口就业身份与购房建房意愿　　单位：人，%

观察值/占比		未来打算在哪里购房、建房							合 计
		户籍地乡镇村	户籍地县镇	户籍地地级市	户籍地省会城市	本 地	没有打算	其 他	
就业身份	雇 员	3653	1747	196	82	2094	1933	85	9790
		37.3	17.8	2.0	0.8	21.4	19.7	0.9	100
	雇 主	285	115	18	11	396	186	23	1034
		27.6	11.1	1.7	1.1	38.3	18.0	2.2	100
	自营劳动者	1189	471	57	20	1355	835	46	3973
		29.9	11.9	1.4	0.5	34.1	21	1.2	100
	家庭帮工	119	55	8	2	164	94	4	446
		26.7	12.3	1.8	0.5	36.8	21.1	0.9	100
合 计		5246	2388	279	115	4009	3048	158	15243
		34.4	15.7	1.8	0.8	26.3	20.0	1.0	100

表 5.9　　农业转移人口就业身份与养老意愿　　单位：人，%

观察值/占比		未来打算在哪里养老							合 计
		户籍地乡镇村	户籍地县镇	户籍地地级市	户籍地省会城市	本 地	没有打算	其 他	
就业身份	雇 员	4551	1473	214	72	1502	1957	21	9790
		46.5	15.1	2.2	0.7	15.3	20.0	0.2	100
	雇 主	375	154	24	7	276	196	2	1034
		36.3	14.9	2.3	0.7	26.7	19.0	0.2	100
	自营劳动者	1649	482	84	19	836	898	5	3973
		41.5	12.1	2.1	0.5	21.0	22.6	0.1	100
	家庭帮工	179	46	6	6	103	106	0	446
		40.1	10.3	1.4	1.4	23.1	23.8	0	100
合 计		6754	2155	328	104	2717	3157	28	15243
		44.3	14.1	2.2	0.7	17.8	20.7	0.2	100

总体来看，农业转移人口的就业身份影响其发展意愿。雇主、自营劳动者、家庭帮工打算在流入地发展的比例较高，而雇员打算在流入地发展的比例较低；但相对地，雇员打算回户籍地发展的意愿较为强烈。

（五）是否参加社会保障对农业转移人口在流入地的发展意愿有一定影响

社会保障以是否参加本地城镇职工医疗保险为例进行分析，参加其他社会保障类型的结论与此基本相同。

参加本地城镇职工医疗保险的农业转移人口打算在流入地长期居住的比例较高，为 60.4%；而没有参加的比例较低，仅为 54.6%。参加本地城镇职工医疗保险的人口打算迁入户口的比例较高，为 63.5%；而没有参加的比例较低，仅为 51.7%。

表 5.10　　农业转移人口本地医疗保险与购房建房意愿　　单位：人,%

观察值/占比		未来打算在哪里购房、建房							合　计
		户籍地乡镇村	户籍地县镇	户籍地地级市	户籍地省会城市	本　地	没有打算	其　他	
城镇职工医保	未参加城镇职工医保	4687	1854	210	74	3185	2757	123	12890
		36.4	14.4	1.6	0.6	24.7	21.4	1.0	100
	参加城镇职工医保	1007	749	94	49	1310	720	59	3988
		25.3	18.8	2.4	1.2	32.9	18.1	1.5	100
合　计		5694	2603	304	123	4495	3477	182	16878
		33.7	15.4	1.8	0.7	26.6	20.6	1.1	100

从农业转移人口是否参加本地城镇职工医疗保险与购房、建房意愿的交叉分析结果来看，参加本地城镇职工医疗保险的人口打算

在流入地买房的比例较高，为32.9%；而没有参加的比例较低，仅为24.7%。

参加本地城镇职工医疗保险的人口打算在流入地养老的比例较高，为24.9%；而没有参加的比例较低，仅为15.7%。

表5.11　　农业转移人口本地医疗保险与养老意愿　　单位：人，%

<table>
<tr><th colspan="2" rowspan="2">观察值/占比</th><th colspan="7">未来打算在哪里养老</th><th rowspan="2">合　计</th></tr>
<tr><th>户籍地乡镇村</th><th>户籍地县镇</th><th>户籍地地级市</th><th>户籍地省会城市</th><th>本　地</th><th>没有打算</th><th>其　他</th></tr>
<tr><td rowspan="4">城镇职工医保</td><td rowspan="2">未参加城镇职工医保</td><td>5995</td><td>1657</td><td>261</td><td>76</td><td>2028</td><td>2856</td><td>17</td><td>12890</td></tr>
<tr><td>46.5</td><td>12.9</td><td>2.0</td><td>0.6</td><td>15.7</td><td>22.2</td><td>0.1</td><td>100</td></tr>
<tr><td rowspan="2">参加城镇职工医保</td><td>1398</td><td>690</td><td>94</td><td>38</td><td>991</td><td>759</td><td>18</td><td>3988</td></tr>
<tr><td>35.1</td><td>17.3</td><td>2.4</td><td>1.0</td><td>24.9</td><td>19.0</td><td>0.5</td><td>100</td></tr>
<tr><td colspan="2" rowspan="2">合　计</td><td>7393</td><td>2347</td><td>355</td><td>114</td><td>3019</td><td>3615</td><td>35</td><td>16878</td></tr>
<tr><td>43.8</td><td>13.9</td><td>2.1</td><td>0.7</td><td>17.9</td><td>21.4</td><td>0.2</td><td>100</td></tr>
</table>

（六）省内跨市人口在流入地发展的意愿最为强烈

省内跨市流动的农业转移人口打算在流入地长期居住的比例最高，达61.9%；其次是市内跨县人口，此比例为59.2%；最低的是跨省流动人口，打算长期居住的比例仅为51.9%。

省内跨市流动的农业转移人口打算迁入户籍的比例最高，达55.8%；其次是跨省流动人口，此比例为54.3%；最低的是市内跨县人口，打算迁入户口的比例仅为51.0%。

省内跨市流动的农业转移人口打算在流入地买房的比例最高，达33.8%；其次是市内跨县人口，此比例为30.9%；最低的是跨省流动人口，打算在流入地购房的比例仅为21.6%。

表 5.12　　农业转移人口流动范围与购房建房意愿　　单位：人，%

观察值/占比		未来打算在哪里购房、建房							合 计
		户籍地乡镇村	户籍地县镇	户籍地地级市	户籍地省会城市	本 地	没有打算	其 他	
流动范围	跨省流动	3658	1618	188	84	2065	1849	89	9551
		38.3	16.9	2.0	0.9	21.6	19.4	0.9	100
	省内跨市	1569	815	86	30	1965	1272	83	5820
		27.0	14.0	1.5	0.5	33.8	21.9	1.4	100
	市内跨县	467	170	30	9	465	356	10	1507
		31.0	11.3	2.0	0.6	30.9	23.6	0.7	100
合 计		5694	2603	304	123	4495	3477	182	16878
		33.7	15.4	1.8	0.7	26.6	20.6	1.1	100

从农业转移人口流动范围与养老意愿的交叉分析结果来看，省内跨市流动的农业转移人口打算在流入地养老的比例最高，达22.6%；其次是市内跨县人口，此比例为20.8%；最低的是跨省流动人口，打算在流入地养老的比例仅为14.6%。

表 5.13　　农业转移人口流动范围与养老意愿　　单位：人，%

观察值/占比		未来打算在哪里养老							合 计
		户籍地乡镇村	户籍地县镇	户籍地地级市	户籍地省会城市	本 地	没有打算	其 他	
流动范围	跨省流动	4552	1437	204	82	1393	1861	22	9551
		47.7	15.1	2.1	0.9	14.6	19.5	0.2	100
	省内跨市	2243	745	114	28	1313	1366	11	5820
		38.5	12.8	2.0	0.5	22.6	23.5	0.2	100
	市内跨县	598	165	37	4	313	388	2	1507
		39.7	11.0	2.5	0.3	20.8	25.8	0.1	100
合 计		7393	2347	355	114	3019	3615	35	16878
		43.8	13.9	2.1	0.7	17.9	21.4	0.2	100

总体来看，农业转移人口的流动范围与其发展意愿之间具有较强的相关关系。其中，省内跨市流动的农业转移人口在流入地发展的意愿较为强烈，他们的长期居住意愿、购房养老意愿都是最高的。而市内跨县人口的长期居住意愿、购房养老意愿要高于跨省流动人口，但跨省流动人口的迁户意愿高于市内跨县人口。

（七）教育程度越高，在流入地发展的意愿越强；教育程度越低，回户籍地发展的意愿越强

农业转移人口的教育程度与长期居住意愿之间存在明显的相关关系，教育程度越高，农业转移人口打算在流入地长期居住的比例越高。比如，小学及以下教育程度的农业转移人口打算在流入地长期居住的比例仅为48.7%，而初中为52.7%，高中为58.2%，专科及以上更是高达74.9%。

教育程度越高，农业转移人口打算把户口迁入流入地的比例越高。例如，小学及以下教育程度的农业转移人口打算把户口迁入流入地的比例仅为46.4%，而初中为51.6%，高中是57.6%，大学专科及以上的比例为70.6%。

教育程度越高，农业转移人口打算在流入地买房的比例越高；而教育水平越低，农业转移人口打算回户籍地村、乡镇建房的比例越高。例如，小学及以下教育程度的农业转移人口打算在户籍地村、乡镇建房的比例高达49.0%，而初中为38.3%，高中是26.8%，大学专科及以上仅为11.3%。相反，小学及以下教育程度的农业转移人口打算在现居住地买房的比例仅为15.2%，而初中为22.6%，高中是30.4%，专科及以上高达50.0%。

表 5.14　　农业转移人口教育程度与购房建房意愿　　单位：人,%

观察值/占比		未来打算在哪里购房、建房							合　计
		户籍地乡镇村	户籍地县镇	户籍地地级市	户籍地省会城市	本　地	没有打算	其　他	
教育程度	小学及以下	944	279	22	6	292	365	17	1925
		49.0	14.5	1.1	0.3	15.2	19.0	0.9	100
	初　中	3402	1429	144	50	2005	1779	76	8885
		38.3	16.1	1.6	0.6	22.6	20.0	0.9	100
	高中/中专	1146	701	104	36	1300	937	48	4272
		26.8	16.4	2.4	0.8	30.4	21.9	1.1	100
	大学专科及以上	202	194	34	31	898	396	41	1796
		11.3	10.8	1.9	1.7	50.0	22.1	2.3	100
合　计		5694	2603	304	123	4495	3477	182	16878
		33.7	15.4	1.8	0.7	26.6	20.6	1.1	100

表 5.15　　农业转移人口教育程度与养老意愿　　单位：人,%

观察值/占比		未来打算在哪里养老							合　计
		户籍地乡镇村	户籍地县镇	户籍地地级市	户籍地省会城市	本　地	没有打算	其　他	
教育程度	小学及以下	1199	225	20	5	198	278	0	1925
		62.3	11.7	1.0	0.3	10.3	14.4	0	100
	初　中	4321	1239	170	43	1302	1799	11	8885
		48.6	13.9	1.9	0.5	14.7	20.3	0.1	100
	高中/中专	1534	655	110	34	876	1050	13	4272
		35.9	15.3	2.6	0.8	20.5	24.6	0.3	100
	大学专科及以上	339	228	55	32	643	488	11	1796
		18.9	12.7	3.1	1.8	35.8	27.2	0.6	100
合　计		7393	2347	355	114	3019	3615	35	16878
		43.8	13.9	2.1	0.7	17.9	21.4	0.2	100

教育程度越高，农业转移人口打算在流入地养老的比例越高；而教育水平越低，农业转移人口打算回户籍地村、乡镇养老的比例越高。小学及以下教育程度的农业转移人口打算在户籍地村、乡镇养老的比例高达62.3%，而初中为48.6%，高中是35.9%，专科及以上仅为18.9%。相反，小学及以下教育程度的农业转移人口打算在现居住地养老的比例仅为10.3%，而初中为14.7%，高中是20.5%，大学专科及以上高达35.8%。

总体来看，农业转移人口的教育程度与其发展意愿之间具有显著的相关关系。教育水平越高，农业转移人口打算在流入地长期居住、迁入户口、购房养老的比例越高；教育水平越低，农业转移人口打算长期居住、迁入户口、购房养老的比例越低。

（八）居留时间越长，在流入地发展的意愿越强；居留时间越短，回户籍地发展的意愿越强

农业转移人口的流入时间与长期居住意愿之间存在明显的相关关系。流入时间越长，农业转移人口打算在流入地长期居住的比例越高。例如，流入1年及以下的农业转移人口打算在流入地长期居住的比例仅为43.8%，而3~5年的比例为59.0%，5~10年的为63.8%，10年及以上的农业转移人口打算在流入地长期居住的比例最高，达69.3%。

流入时间越长，农业转移人口打算迁入户籍的比例越高。例如，流入1年及以下的农业转移人口打算迁入户籍的比例仅为45.3%，而3~5年的比例为55.0%，5~10年的为60.2%，10年及以上的农业转移人口打算迁入户籍的比例最高，达62.7%。

流入时间越长，农业转移人口打算在流入地买房的比例越高，回户籍地县（市、区）、乡镇、村建房购房的比例越低。例如，流入1年及以下的农业转移人口打算在流入地购房的比例仅为18.3%，而3~5年的比例为28.5%，5~10年的为31.1%，10年及以上的农业转移人口打算在流入地购房的比例最高，达36.4%。

表5.16　　农业转移人口居留时间与购房建房意愿　　单位：人，%

观察值/占比		未来打算在哪里购房、建房							合计
		户籍地乡镇村	户籍地县镇	户籍地地级市	户籍地省会城市	本地	没有打算	其他	
居留时间	1年及以下	1327	649	69	28	639	766	23	3501
		37.9	18.5	2.0	0.8	18.3	21.9	0.7	100
	1~3年	1657	735	90	39	1190	1131	47	4889
		33.9	15.0	1.8	0.8	24.3	23.1	1.0	100
	3~5年	991	452	63	22	865	611	32	3036
		32.6	14.9	2.1	0.7	28.5	20.1	1.1	100
	5~10年	1114	519	55	24	1073	628	37	3450
		32.3	15.0	1.6	0.7	31.1	18.2	1.1	100
	10年以上	605	248	27	10	728	341	43	2002
		30.2	12.4	1.4	0.5	36.4	17.0	2.2	100
合计		5694	2603	304	123	4495	3477	182	16878
		33.7	15.4	1.8	0.7	26.6	20.6	1.1	100

流入时间越长，农业转移人口打算在流入地养老的比例越高。例如，流入1年及以下的农业转移人口打算在流入地养老的比例仅为11.7%，而3~5年的比例为18.5%，5~10年的为21.0%，10年及以上的农业转移人口打算在流入地养老的比例最高，达26.3%。

表 5.17　　农业转移人口居留时间与养老意愿　　单位：人,%

观察值/占比		未来打算在哪里养老							合 计
		户籍地乡镇村	户籍地县镇	户籍地地级市	户籍地省会城市	本 地	没有打算	其 他	
居留时间	1 年及以下	1647	557	79	29	408	776	5	3501
		47.0	15.9	2.3	0.8	11.7	22.2	0.1	100
	1～3 年	2082	655	115	39	799	1193	6	4889
		42.6	13.4	2.4	0.8	16.3	24.4	0.1	100
	3～5 年	1279	447	69	13	563	658	7	3036
		42.1	14.7	2.3	0.4	18.5	21.7	0.2	100
	5～10 年	1514	477	70	21	723	640	5	3450
		43.9	13.8	2.0	0.6	21.0	18.6	0.1	100
	10 年以上	871	211	22	12	526	348	12	2002
		43.5	10.5	1.1	0.6	26.3	17.4	0.6	100
合 计		7393	2347	355	114	3019	3615	35	16878
		43.8	13.9	2.1	0.7	17.9	21.4	0.2	100

总体来看，农业转移人口的居住时间与其发展意愿之间具有显著的相关关系。居住时间越长，农业转移人口打算长期居住、迁入户口、购房养老的比例越高；居住时间越短，农业转移人口打算长期居住、迁入户口、购房养老的比例越低。

（九）四类群体的影响因素基本相同，但流动范围对不同群体的影响有一定差异

数据分析结果表明，举家外出农业转移人口、第一代农业转移人口、80 后及 90 后农业转移人口等不同群体的发展意愿影响因素及作用程度基本与总样本相同，不同点主要有两个方面。

第一，跨省流动的举家外出农业转移人口，以及跨省流动的第一代农业转移人口迁户意愿最为强烈。跨省流动的举家外出农业转移人口打算把户口迁入流入地的比例最高，达64.4%；其次是省内跨市流动人口，比例为62.6%；最低的是市内跨县人口，打算迁入户口的比例为57.2%。同样，跨省流动的第一代农业转移人口打算把户口迁入流入地的比例最高，达54.8%；其次是省内跨市流动人口，比例为52.3%；最低的是市内跨县人口，打算迁入户口的比例为48.6%。

第二，90后农业转移人口中，市内跨县人群在流入地的居住、养老、迁户意愿较为强烈。市内跨县流动的90后农业转移人口打算在流入地长期居住的比例最高，达53.8%；其次是省内跨市人口，此比例为53.5%；最低的是跨省流动人口，打算长期居住的比例仅为38.5%。从90后农业转移人口流动范围与购房建房意愿的交叉分析结果来看，省内跨市流动的90后农业转移人口打算在流入地买房的比例最高，达24.4%；其次是市内跨县人口，比例为22.9%；最低的是跨省流动人口，打算在流入地购房的比例仅为10.8%。市内跨县流动的90后农业转移人口打算在流入地养老的比例最高，达17.0%；其次是省内跨市人口，比例为15.9%；最低的是跨省流动人口，打算在流入地养老的比例仅为7.0%。市内跨县流动的90后农业转移人口打算把户口迁入流入地的比例最高，达53.4%；其次是省内跨市流动人口，比例为53.0%；最低的是跨省流动人口，打算迁入户口的比例仅为43.7%。

三、农业转移人口家庭消费发展趋势

（一）农业转移人口发展意愿对其消费发展趋势有重要影响

农业转移人口在流入地长期居住，食品、交通、通讯、住宿、医疗、学习、培训等都将在流入地进行消费，为流入地的经济增长带来了内需和动力。据测算，城市每增加10万名人口，每天就需增加5万公斤粮食、5万公斤蔬菜、2400万公斤水、10万千瓦小时电力、730辆公共汽车，方可满足其基本需要（朱韵洁、贺浩亮，2009；曹新，2004；李梦白等，1991）。

同时，除了直接影响以外，还会由于各种经济活动的反馈作用产生间接影响。农业转移人口在流入地长期居住，还将不断地消耗交通、能源、学校、住房、绿化、广场、警察、城市安全系统等城市基础设施。根据国家发改委产业司计算，每增加一个城镇人口需基础设施投资6万元（包括国家投资、企业投资和个人投资）。

住宅是安居乐业所必需的生活资料。大量的农业转移人口进入城市，势必会对城市用地规划、城市住房建设产生巨大的影响。而且，随着农业转移人口内部的逐渐分化，对于一些打算长期居留城市的农业转移人口家庭而言，其购房的意愿可能会比较强烈。可以说，这一部分人口对于住房的需求是刚性的。同样的，如果农业转移人口打算回户籍地建房或购房，也将在户籍地产生巨大的住房消费。

农业转移人口的养老地域是他们最终养老消费的集中地。因此，了解农业转移人口的养老意愿，也就能够较为准确地把握农业转移人口的未来消费趋势。

（二）农业转移人口在流入地近中期生活消费潜力巨大

本报告根据前面的分析结果，对农业转移人口的消费支出潜力做一个简单的静态估算。

农业转移人口在流入地的静态消费潜力计算公式为：

流入地消费潜力 =（城镇居民家庭消费支出 - 农业转移家庭消费支出）×农业转移家庭总量×流入地长期居住比例

8 城市城镇居民家庭年均消费支出为 42878 元，农业转移人口家庭在流入地年均消费支出为 27060（按农业转移人口一年在流入地消费 10 个月计算）；全国农业转移家庭约有 1 亿；本文统计结果表明，打算在流入地长期居住的比例为 56%。则农业转移人口在城镇总的消费潜力高达 9000 亿元。如果考虑年增长因素，空间更大。

（三）农业转移人口住房支出潜力巨大，且 50% 将集中在流入地

按流入地住房造价以 2000 元/平方米计算，户籍地省会城市和地级市以 1500 元/平方米计算，户籍地县（市、区）、乡镇、村的住房造价以 1000 元/平方米计算。人均住房面积为 10 平方米/人，家庭规模以每户 3 人为标准。住房消费的计算公式：

住房消费 = 住房造价 × 人均住房面积 × 家庭规模 × 家庭数量 × 建房购房意愿

静态估计，农业转移人口未来住房支出高达 10 万亿。其中，

在流入地购房的消费潜力最大，占总消费的50%，其次是在户籍地乡镇、村建房与买房，占住房总支出的三分之一；第三是在户籍地县（市、区）、乡镇购房，支出比例约为15%；农业转移人口在户籍地地级市、省会城市买房的比例非常低。

表5.18　　农业转移人口住房消费分析

农业转移人口	住房造价（元/平方米）	人均住房面积（平方米/人）	家庭规模（人）	家庭数量（亿）	建房购房意愿（%）	住房潜力（亿元）	比例（%）
户籍地乡镇、村	1000	10	3	1.00	33.7	30336	31.8
户籍地县（市、区）、乡镇	1000	10	3	1.00	15.4	13878	14.5
户籍地地级市	1500	10	3	1.00	1.8	2430	2.5
户籍地省会城市	1500	10	3	1.00	0.7	987	1.0
本　地	2000	10	3	1.00	26.6	47934	50.1

（四）农业转移人口远期养老消费将主要集中在户籍地县域范围内

从养老意愿来看，农业转移人口打算回户籍地的村或乡镇养老的比例最高，为44%；其次是流入地养老，近五分之一；第三是在户籍地县（市、区）及乡镇养老，有14%的比例；选择区户籍地省会城市、地级市的比例很小。

（五）农业转移人口未来主要消费领域包括食品、教育培训、交通通讯以及文化消费支出

农业转移人口进一步释放消费的领域主要有以下几个方面：

第一，食品支出。城镇居民家庭年均食品支出为16757元，农

业转移家庭在流入地的年均食品支出为10872元，还有近6000元的差距。

第二，学习、培训、教育支出。对于农业转移人口来讲，满足衣食住行等生活基本需求是其主要消费方面，但从长远来看，农业转移人口在文化、教育、娱乐方面的支出必将增长，成为消费释放的主要领域之一。数据表明，农业转移家庭与城镇居民家庭有4000多元的差距。

第三，交通、通讯支出。目前，农业转移人口与城镇居民在交通、通讯等方面还存在较大差距，年均消费差额近4000元，增长潜力很大。

第四，文化消费支出。农业转移人口目前的文化消费水平还很低，但是需求巨大，特别是90后的新生代群体。

第五，医疗支出。城镇居民家庭年均医疗支出为2361元，农业转移家庭在流入地的年均医疗支出为725元，还有1500多元的差距。

本章小结

农业转移人口近中期的发展意愿与远期养老意愿反差强烈。四种意愿呈梯度排列：在流入地长期居住意愿（56%）>往流入地迁入户口意愿（54.5%）>在流入地购房建房意愿（26.6%）>在流入地养老意愿（17.9%）。有超过5成的农业转移人口愿意在流入地长期居住，愿意将户口迁入流入地；但也有近5成的农业转移人口愿意在户籍地（包括县城、镇和村）购房建房，有近6成的农业转移人口愿意在户籍地（包括县城、镇和村）养老。在养老、购房建房的意愿中，选择户籍地地级市、省会城市的比例都很低，合计不到3%，这将对我国未来城市发展格局产生重要影响。农业转移人口购建房、养老意愿选择，与长期居住、迁户意愿选择，存在较大反差，这也说明其难以接受城市高房价、高生活成本，文化难以融入的现实困境。

四类群体对未来发展意愿的选择略有差异。其中，举家外出农业转移人口选择在本地的比例相对高一些，第一代农业转移人口选择回户籍地的比例相对高一些，90后农业转移人口选择没有打算的比例相对高一些。跨省流动的举家外出农业转移人口，以及跨省流动的第一代农业转移人口迁户意愿最为强烈。

未来发展意愿受收入、住房状况等多个因素的影响。农业转移人口收入水平越高，职业越稳定，教育程度越高，在流入地工作经历越长，选择在流入地发展的意愿（包括在本地长期居住，迁户，购建房，养老）更强。特别是，在流入地已购住房的农业转移人口打算在流入地发展的比例显著提高，省内跨市农业转移人口在流入地发展的意愿最为强烈。但是，参加社会保障与否对农业转移人口在流入地的发展意愿选择影响不大。

农业转移人口消费增长潜力近中期在流入地城镇，远期在户籍地县域内。从近中期来看，数量巨大的农业转移人口的生活消费将主要集中在流入地（接近60%），住房支出也会有一半左右在流入地，但养老消费将主要集中在户籍地县域范围内（也接近60%）。

第六章 主要结论及政策建议

一、主要结论

（一）农业转移人口家庭总收入已高于流入地城镇居民家庭，但总消费水平仍低于城镇居民家庭

调查数据显示，农业转移人口家庭在流入地年收入要低于当地城镇居民家庭，但家庭总收入已高于当地城镇居民家庭。2012 年农业转移人口家庭在流入地年收入均值为 62450 元，比流入地城镇居民家庭年均可支配收入（72796 元）要低 1 万元左右；但加上其在老家的收入后，其家庭年总收入均值达到 81334 元，要高于流入地城镇居民家庭年均可支配收入。

但由于农业转移人口享受的公共服务水平低，发展预期不稳定，其消费倾向较低。2012 年其家庭在流入地消费倾向、总消费倾向分别是 0.494 和 0.531，低于流入地城镇居民家庭消费倾向（0.68）。受此影响，农业转移人口家庭在流入地消费水平、总消费水平都低于流入地城镇居民家庭。调查表明，2012 年农业转移人口

家庭在流入地的年消费支出均值为 27060 元，比流入地城镇居民家庭年均消费支出水平（48959 元）要低 2.2 万元左右；家庭年总消费支出均值为 38862 元，比流入地城镇居民家庭年均消费支出水平仍低 1 万元左右。

数据分析表明，收入、住房、社保等是影响农业转移人口家庭消费水平的重要因素。收入增长、购买住房、更稳定的工作、更完善的社会保障、更高的文化程度、更长的工作经历，都能明显地促进农业转移人口家庭消费的增长。但除了收入和居留时间以外，其他因素对 90 后农业转移人口消费的影响不大。

（二）流入地收入是家庭总收入的主要来源，流入地消费支出占家庭总消费支出的比重也达到 70%

由于难以融入城市，大多数农业转移人口仍具有“候鸟”的迁移特征，平时常年在外，节假日特别是春节返乡。而且，大多数外出农民工在老家都有家庭留守成员。因此，农业转移人口的收入、消费具有明显的跨地域特征。调查数据分析表明，农业转移人口家庭总收入中，外出务工收入的贡献还在提高，2012 年占比已达 76%。同时，在其家庭总消费支出中，在流入地的消费平均已占到 70%，农业转移人口“城市干活，回家花钱”的状况已发生改变。

不同群体消费支出的地域结构有一定差异性。按家庭在流入地消费占家庭总消费的比重排序，依次是：举家外出农业转移人口（80.7%）>第一代农业转移人口（74.4%）>80 后农业转移人口（70.7%）>90 后农业转移人口（58.7%）。这一排序与收入水平排序一致，只是各群体家庭在流入地收入占总收入的比重，要高于消费占比。

这种跨地域的收支特征，也决定了农业转移人口家庭支出结构仍具有“生存型”和“顾家型”的特点。食品和房租是农业转移人口在流入地最主要的支出，也是其家庭年支出的重要组成部分。同时，除了举家外出农业转移人口家庭外，其他群体农业转移人口寄回老家的钱物均占有最高的比例（占家庭流入地支出的比重超过40%，占家庭总支出的比重超过17%）。

（三）举家外出农业转移人口家庭总消费水平已接近流入地城镇居民家庭，90后农业转移人口家庭消费水平还很低

农业转移人口家庭消费水平的分层特征明显。按流入地消费支出水平排序，依次是：举家外出农业转移人口>第一代农业转移人口>80后农业转移人口>90后农业转移人口。但80后农业转移人口在老家的消费水平较高，使得其家庭总消费水平超过第一代农业转移人口。总消费水平的排序则是：举家外出农业转移人口>80后农业转移人口>第一代农业转移人口>90后农业转移人口。收入排序与消费排序相同，也说明收入对消费的决定作用。

举家外出农业转移人口家庭在流入地收入水平与当地城镇居民相当，总收入则高于城镇居民家庭；家庭在流入地消费支出低于流入地城镇居民家庭，但总消费水平已接近于城镇居民家庭。第一代和80后农业转移人口家庭在流入地收入水平低于流入地城镇居民，但总收入高于流入地城镇居民；家庭在流入地消费和总消费水平均低于流入地城镇居民。90后农业转移人口家庭收入和消费水平在四类群体中最低，且大大低于流入地城镇居民家庭收入和消费水

平。举家外出农业转移人口家庭的收入、消费水平都是最高的，这也说明家庭迁移的完整性非常重要。

不同群体的消费支出结构差异不大，都是以食品和住房为主。第一代和80后农业转移人口家庭在教育方面的支出较多，80后及90后农业转移人口家庭在交通、通讯方面的支出较多。

（四）农业转移人口未来发展意愿选择比例呈梯度排列，近中期发展意愿与远期养老意愿反差强烈

根据调查数据分析，农业转移人口未来发展四种意愿呈梯度排列：在流入地长期居住意愿（56%）>往流入地迁入户口意愿（54.5%）>在流入地购房建房意愿（26.6%）>在流入地养老意愿（17.9%）。有超过5成的农业转移人口愿意在流入地长期居住，愿意将户口迁入流入地；但也有近5成的农业转移人口愿意在户籍地县域内（包括县城、镇和村）购房建房，有近6成的农业转移人口愿意在户籍地县域内养老。农业转移人口购建房、养老意愿选择，与长期居住、迁户意愿选择，存在较大反差，这也说明其难以接受城市高房价、高生活成本，文化难以融入的现实困境。另外，在养老、购房建房的意愿中，选择户籍地地级市、省会城市的比例都很低，合计不到3%，这将对我国未来城市发展格局产生重要影响。

四类群体对未来发展意愿的选择略有差异。其中，举家外出农业转移人口选择在本地的比例相对高一些，第一代农业转移人口选择回户籍地的比例相对高一些，90后农业转移人口选择没有打算的比例相对高一些。跨省流动的举家外出农业转移人口，以及跨省

流动的第一代农业转移人口，迁户意愿最为强烈。

（五）农业转移人口消费增长潜力近中期主要在流入地，远期主要在户籍地县域内

从近中期来看，数量巨大的农业转移人口的生活消费将主要集中在流入地（接近60%），住房支出也会有一半左右在流入地，但远期养老消费将主要集中在户籍地县域范围内（也接近60%）。

二、政策建议

扩大消费，在个体层面要提高居民收入水平，改善消费预期，增强消费倾向；在社会层面要缩小贫富差距，提高整个社会的平均消费倾向。根据本报告前述分析，收入对农业转移人口家庭消费有重要影响；公共服务水平、居住时间、住房情况对农业转移人口消费倾向有重要影响。因此，要提高农业转移人口家庭的消费水平，就要促进其持续提高收入水平，增强消费能力；还要推进农业转移人口市民化进程，增强公共服务水平，改善居住条件，提高消费倾向。同时，还要适应多数农业转移人口将来要回到户籍地县域内购建房和养老的趋势，提高县域人口承载能力和养老服务能力。

（一）促进农业转移人口持续增加收入，提高消费能力

农业转移人口家庭收入主要是工资性收入，而工资增长主要是由市场决定的。下一步，促进农业转移人口增加收入的重点主要在

两个方面：一是提高农业转移人口的人力资本水平（包括未来将转移的人口），二是提高农业转移人口家庭的财产性收入。

1. 提高农业转移人口和农村劳动力的技能素质

将提高技能作为促进农业转移人口稳定就业、收入增长的战略措施和重要职责，统筹规划稳步推进。一是提高培训的针对性。根据农业转移人口年龄结构、文化程度的实际情况，有针对性地开展培训，增强培训效果。大力推行就业导向的培训模式，强化职业培训基础能力建设，增强培训针对性和有效性，努力提高培训质量。二是加强面向农村新成长劳动力的职业教育。加大职业培训资金支持力度，完善职业培训补贴政策，落实好中等职业教育国家助学金和免学费政策，扩大初、高中三年教育加上一年免费职业教育的范围，增强农村新成长劳动力的就业技能。

2. 推进农村集体产权制度改革，让农业转移人口分享集体资产收益

一是积极推进农村集体经济组织产权制度改革。积极鼓励尚未启动改革的地方有计划地开展试点，已经开展试点的地方在总结经验的基础上扩大试点规模。把除承包地、宅基地之外的其他全部集体经营性资产折股量化到有资格的集体经济组织成员，实现“资产变股权、农民变股东”。扩大农民持有的集体资产股份的权能，赋予农民对集体资产股份占有、收益、有偿退出及抵押、担保、继承权，增加农民的选择空间，让农民既可以长期持股，也可以自愿有偿退出。指导已经完成产权制度改革的村依法建立和完善股东大会、董事会、监事会制度，充分发挥集体经济组织成员参与集体经

营管理的积极性，逐步形成激励约束有机结合的现代企业管理运行机制。二是健全相关服务体系。加强农村集体“三资”委托代理服务，加快乡镇委托代理中心建设，规范委托代理程序，充分发挥委托代理服务作用。探索以农村土地承包经营权流转服务中心或者集体“三资”服务中心为依托，构建农村集体产权交易平台，提高农民工集体资产权益的流动性。

3. 完善和保障农业转移人口土地权益

一是进一步完善宅基地产权制度。明晰宅基地产权权能，赋予宅基地完整的物权权能，赋予宅基地使用权人必要的自由处分权和收益权，保障农民房屋所有权与宅基地使用权财产功能的实现。二是将农民住宅纳入国家统一的不动产登记体系和不动产税收体系。对于在城市和农村都拥有住房的农业转移人口，由其自主选择缴纳农村住宅的房产税，或者出售住宅。在此基础上，逐步建立农业转移人口宅基地退出机制。在城镇有稳定职业和住房且已落户的农业转移人口，或全家已迁入城镇且已享受城镇居民待遇的人员，允许其有偿退出宅基地。住房转让时，农村集体经济组织可以收取有偿使用费。

（二）分类有序推进市民化，提升农业转移人口公共服务水平，提高消费倾向

从我国国情出发，推进农业转移人口市民化（主体是农民工）应坚持两条腿走路：一方面，加快户籍制度改革，放宽落户条件，让有意愿、有能力的农业转移人口在城镇落户定居成为市民；另一

方面，推进公共服务均等化，将社会福利与户籍剥离，让暂不符合落户条件或没有落户意愿又有常住需求的农业转移人口，能享有基本公共服务。在具体方式上，则应以省内落户定居和公共服务均等化为重点，区分不同城市、不同群体、不同公共服务项目，有序推进。

1. 推进有意愿、有条件的跨省农民工在流入地落户定居

根据不同城市人口规模和综合承载力，制定差别化的落户条件，分类有序推进户籍制度改革，降低落户门槛。到2020年，除少数大城市以外，基本实现自由迁徙。

一是以“两个合法稳定”为基本条件，在2020年以前，放开中等及以下各类城市、城镇的落户条件，实现自由迁徙。二是建立和实施阶梯式户口迁移制度，逐步放宽大城市落户限制，并向举家外出农业转移人口倾斜。三是建立从居住证到落户的制度通道，以办理居住证为计算连续居住年限的依据，符合当地政府规定相关条件的，可以在当地申请登记常住户口。对于北京、上海这样的特大城市，也要通过这种方式让长期在本地居住工作的常住农业转移人口家庭落户。

2. 鼓励第一代农业转移人口返乡就业创业和落户定居，引导新增农业转移人口就近转移就业，让农业转移人口的大多数在省内实现市民化

目前，农业转移人口在省内就业的比重已达到70%，并以每年1个百分点的速度上升。未来，数千万第一代外出农民工将逐步退出城市劳动力市场，其中的相当一部分将回到家乡的城镇定居。应

适应这一趋势，把就近转移就业和省内市民化提到更加重要的位置，作为今后我国就业促进政策和城镇化战略的重点，使存量农业转移人口中的 80%、新增农业转移人口的大多数（60% 以上）在省内转移就业，在省内实现市民化。

一是健全基层公共就业服务体系。实行城乡统一的就业登记制度，建立城乡人力资源信息库和企业用工信息库。以中西部基层为重点，加快构建全国城乡沟通、就业供求信息联网，网点到达县城、乡镇和城市街道、社区的劳动力市场和就业服务网络体系。

二是创造良好的创业环境，引导扶持更多农业转移人口创业。加强对农业转移人口的创业培训和创业服务，帮助农业转移人口掌握创业技能，为创业农业转移人口提供政策引导、项目开发、风险评估、小额担保贷款、跟踪扶持等一条龙服务，引导有创业能力和创业愿望的农民工通过产业配套服务、延伸产业链条实现自主创业。加大金融支持力度，探索发展农用生产设备、林权、水域滩涂使用权等抵押贷款。降低融资成本，财政对符合条件的农业转移人口创业贷款给予贴息。

三是发展县域经济，促进农村劳动力就地就近转移。进一步完善政策体系，创新支持方式，拓展支持范围，大力促进县域经济发展，促进农村劳动力就地就近转移。对县域具有比较优势的产业项目和有条件在当地加工转化的资源开发利用项目，予以优先规划布局并优先审批核准。加大企业技术改造和产业结构调整专项资金对县域特色优势产业发展的支持力度。在符合规划和用途管制的前提下，允许村庄、集镇、建制镇中的集体建设用地进行有偿使用和有序流转，允许以农村集体建设用地使用权入股兴办企业。适当提高县域在建设用地指标分配上的比重。继续加大中央财政对县域的均衡性转移支付力度，重点支持县域改善民生和促进基本公共服务均等化。

四是在省级行政区域内建立城乡统一的户口登记制度，为本省农业转移人口在省内市民化创造条件。

3. *以新生代农业转移人口为重点，加快推进公共服务均等化*

以新生代农业转移人口为重点，区分不同项目，有序推进公共服务均等化。到 2015 年，基本健全义务教育、就业培训、社会保障、公共卫生、计划生育等基本公共服务项目；到 2020 年，基本健全保障性住房、低保、学前教育和高中阶段教育等与城市户籍紧密挂钩的公共服务项目。

一是切实保障农业转移人口随迁子女受教育权利。重点是落实以“流入地政府为主、普惠性幼儿园为主”的政策，解决农业转移人口随迁子女接受学前教育问题；落实异地高考政策，特别是要完善北京等特大城市的异地高考政策。二是加强农业转移人口公共卫生和医疗服务。重点是合理配置医疗卫生服务资源，提高农业转移人口接受医疗卫生服务的可及性；推广在农业转移人口聚居地指定新型农村合作医疗定点医疗机构的经验，方便农业转移人口在城务工期间就近就医和及时补偿。三是做好农业转移人口社会保障工作。在目前城乡居民养老保险合并的基础上，进一步健全城镇企业职工基本养老保险与居民养老保险制度之间，以及城镇职工医疗保险和新农合之间的衔接政策，实现养老和医疗保险在城乡之间以及跨统筹地区之间的顺畅转移接续。提高农业转移人口在流入地城镇的参保率，解决非正规就业、劳务派遣工、随迁家属的参保问题。

（三）健全面向农业转移人口的住房供应体系和政策体系

调查表明，稳定和体面的居住条件，对于提高农业转移人口的消费水平有重要促进作用，而且也有相当多的农业转移人口愿意在流入地或老家城镇购房建房。解决好农业转移人口的住房问题，不仅能扩大消费，也能拉动投资。

1. 强化用工企业的责任

充分发挥用工单位在解决农业转移人口住房问题的重要作用。针对规模型就业的单身农业转移人口，鼓励用工单位向务工人员提供符合基本安全、卫生标准的集体宿舍；对于农业转移人口自行安排居住场所的，用工单位应提高工资，增强农业转移人口住房支付能力，或给予一定的住房租金补助，并在劳动合同中予以明确。

2. 营造鼓励农业转移人口住房消费的市场环境

对于在城镇就业稳定的中高收入农业转移人口，鼓励租赁或购买市场提供的各类商品住房，并和城镇居民享受同等的信贷、金融、税收等政策优惠。针对农业转移人口住房支付能力相对较低的特点，通过规划引导、税收和金融调节等手段，增加中小户型、中低价位商品住房供应。同时，规范住房租赁市场，切实保护承租人的合法权益，引导建立稳定、和谐的租赁关系。加强对社会出租房屋的管理，建立完善出租屋登记管理制度，对社会提供的符合基本居住标准、定向出租给农业转移人口的住房，政府可给予适当税收减免或租金补贴等政策鼓励。

3. 以公共租赁住房为重点，将稳定就业的农业转移人口纳入城镇住房保障体系

推动公共租赁住房的建设，将在城镇稳定就业的农业转移人口纳入公共租赁住房供应范围。人口净流入量大的大中城市要扩大公共租赁住房建设规模。对于以家庭形式进城务工的农业转移人口，当地应逐步将其纳入城镇住房保障范围，向其提供单元型保障住房。目前，一些地方已开始使用住房公积金用于支持保障房建设，而大多数农业转移人口在就业地选择租住住房。建议使用住房公积金的保障房项目特别是租赁型保障房项目，要优先满足低收入的缴存职工，使收入较低的农业转移人口也可以成为住房保障制度的受益者。

4. 完善城中村和棚户区改造对农业转移人口住房的安排

城中村和棚户区改造中应充分考虑农业转移人口的居住需要，在符合城市规划和土地利用总体规划的前提下，配建面向农业转移人口出租的住房，并纳入公共租赁住房统一进行管理。近期未纳入更新改造计划的城中村，应加强环境整治和必要的公共服务和市政设施等配套，确保满足安全、卫生等基本居住需求。

5. 在住房发展和建设规划中充分考虑农业转移人口的住房需求和特点

首先，要将农业转移人口住房保障纳入住房发展和建设规划，明确解决农业转移人口住房问题的长期发展目标和近期解决措施，切实保护农业转移人口的居住权益。其次，要发挥城市规划的引导和综合协调作用，统筹协调城镇产业与居住空间布局，实现总量平

衡、区域均衡。集中建设的公共租赁住房，应控制用地规模，采取“大分散、小集中”的模式进行建设。新建公共租赁住房应优先采取与经济适用住房、限价商品住房和普通商品住房混合建设的方式，倡导混合居住。公共租赁住房的规划建设，还应当充分考虑居民就业、就医、就学、出行等需要，加快完善公共交通系统，同步配套生活服务设施。

（四）提升县域城镇的人口承载能力和养老服务能力，迎接未来农业转移人口返乡潮

从调查情况来看，大部分农业转移人口选择未来回户籍地县域养老。尽管目前的意愿会随着形势的变化而改变，但数量庞大的第一代农业转移人口正在而且还将陆续返回户籍地，是一个客观趋势。应适应这一趋势，大力提升县域城镇的人口承载能力和养老服务能力，尽量吸引返乡农业转移人口到县城、小城镇或中心村定居，提升城镇化水平，也释放返乡农业转移人口的消费潜力。

1. 实施重点镇发展策略

我国县域平均行政区划面积约4559平方公里，除县城外，每个县（市）应再有1～3个重点镇作为县域副中心。这样包括县城，全国发展6000个重点镇。其中，非县城重点镇近4000个，占一般建制镇总数的22%。把全国重点镇作为未来吸纳新增城镇人口、扩大内需的主阵地，支持其优先发展。赋予镇级政府独立的财税、土地、规划建设管理、人事等权限，增强其发展自主性。健全机构，扩大编制，提高其社会管理和公共服务能力。

2. 改革小城镇住房建设机制

在镇区规划出农房建设新区，符合条件的农民或农业转移人口可以在镇上分到宅基地，由农民自愿，农民自建，政府只负责规划管理和基础设施建设。宅基地可比在村里分配的小，住房保持独家独院。通过这种机制，集聚人口和资本，带动小城镇建设。

3. 支持老旧镇区改造，提升稳定居住功能

通过财政支持，实施小城镇老旧镇区改造工程。用 10 年左右时间，基本完成中西部重点老旧镇区道路、危房、供排水设施、垃圾收集设施、绿化、商业和文体设施等改造。使小城镇的居住环境接近城市，并具特色和相对优势。

4. 结合小城镇和新农村建设，提升养老服务能力

利用小城镇和新农村建设的机遇，在毗邻镇区或中心村的地方，建设“老年宜居社区”。健全社会管理组织和社区服务中心等公共机构，吸引家政服务、养老中介、卫生保健等服务机构入驻，为老年人提供多功能、全方位的服务。

附录一
上海市松江区流动人口生存状况调查分析报告

上海市松江区是课题组重点调研的地区。其经济发展以制造业为主，吸纳的外来就业人口较多；又因为是城市近郊区，生活成本相对较低，吸纳的居住人口也较多。目前，其外来流动人口比本地户籍人口还要多，而且，流动人口主要集中在几个街镇，是典型的人口倒挂地区。分析松江区流动人口的生存状况，社会融合状况，对于了解全国流动人口，特别是在大中城市工作生活的流动人口的工作、生活、心理状况有典型意义。

一、松江区经济社会发展概况

松江区位于上海市的西南，占地约 600 平方公里，下辖 4 个街道，11 个镇；常住人口 158 万人，其中流动人口的比例达到 60% 以上。

（一）地区经济保持较快增长，工业化水平较高

近年来，松江立足区位优势，大力发展制造业，工业结构不断优化。工业增加值占地区生产总值的比重从2001年的58.65%提高到2005年的67.33%，后又下降到2012年的57.2%，呈现倒U型变动轨迹。在工业驱动下，地区经济也保持较快发展，从2001年的151.05亿元增长到2012年的886.55亿元，年均实际增速达到15.84%。其中，2001～2007年增长较快，年均实际增速达到23.62%，2008年以后经济增速放缓，年均实际增速为5.77%。2005～2009年松江区地区生产总值占上海市地区生产总值的5%以上，但从2010起占上海市地区生产总值的比例降到5%以下（见附图1.1、1.2）。

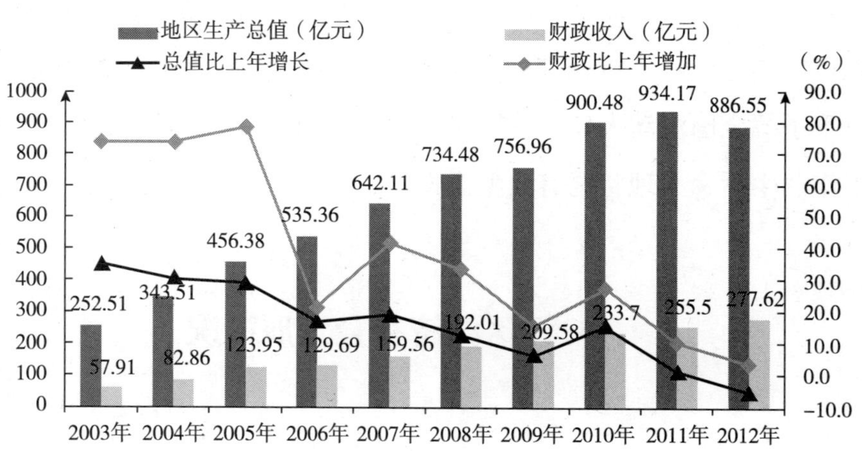

附图1.1 2003～2012年松江区地区生产总值和财政收入数额及增长率变化图

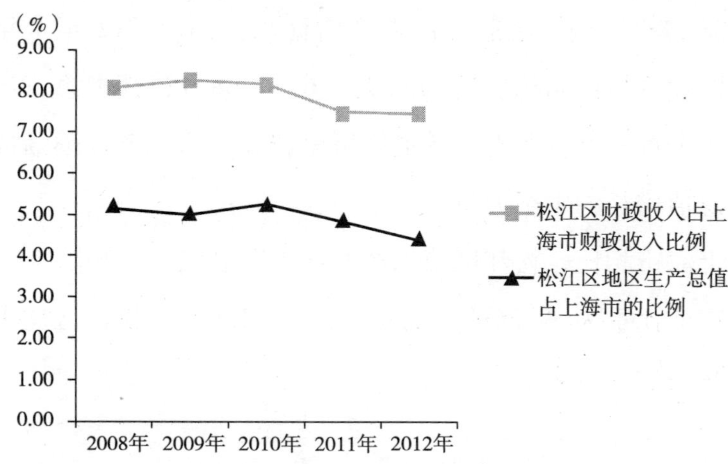

附图 1.2　松江区地区生产总值、财政收入占上海市的比例

松江区财政收入与地区经济发展趋势基本相一致，2001～2008年，区财政收入快速增长，2008年之后，增速显著放缓，2012年财政总收入277.62亿元，比上年增长8.7%。2010年以来，松江区财政收入占上海市地方财政收入在8%左右，2011年在上海18个区（县）中，财政收入规模排名第5。

（二）产业结构呈现第二产业为主，第三产业稳步发展态势

由于工业发展较快，松江区第二产业长期占主导地位，第二产业占地区生产总值的比重从2001年的62.1%变动到2012年的61.0%。其中，2001～2007年提高较快，从62.1%提高到70.3%，年均提高1.36个百分点。2008年以来，由于受到国内外经济形势及自身产业结构调整等因素的影响，松江区第二产业占经济总量的比值稳步下降，但仍在60%以上，第二产业仍旧是该区的主导产业。

2008 以来，松江区第三产业产值稳步提高。2012 年全年松江区三大产业增加值结构比例为 0. 9 ：61 ：38. 1，其中第三产业提高了 4. 3 个百分点，所占比重也创历史新高，第三产业逐渐成为地区生产总值增长的中坚力量。

与上海市相比，松江区第二产业比重明显偏高。2012 年，上海市第二产业比重为 39. 36%，而松江区为 61. 0%，松江区比上海市平均水平高出 21. 64 个百分点。

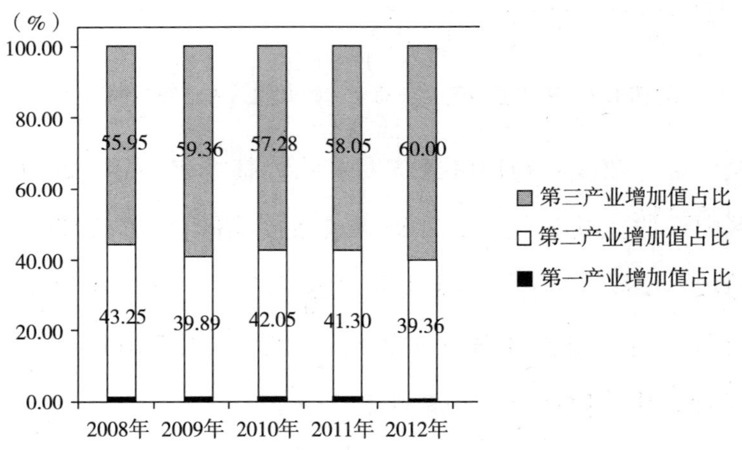

附图 1. 3　2008 ~ 2012 年上海市三次产业增加值占比情况

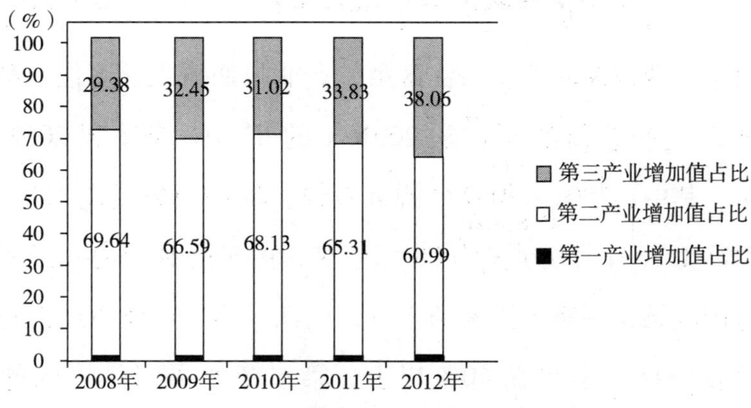

附图 1. 4　2008 ~ 2009 年松江区三次产业占比情况

（三）就业人员以外来劳动力为主，倒挂特征明显

松江区的劳动力资源呈现出多个倒挂现象，首先是外来劳动力大于松江区户籍劳动力，导致地区经济的发展很大程度上依赖于外来流动人口；其次是人口结构的倒挂，由于外来流动人口的增加，冲淡了应有的劳动人口老龄化趋势，劳动力资源一直以青壮年为主；第三是由于外来流动人口的整体受教育水平较低，劳动力质量制约了区内的产业结构优化升级。所以在就业方面，流动人口也造成了一些问题，流动人口近五年来年均 8 万人的增长速度给就业工作带来了巨大的压力。

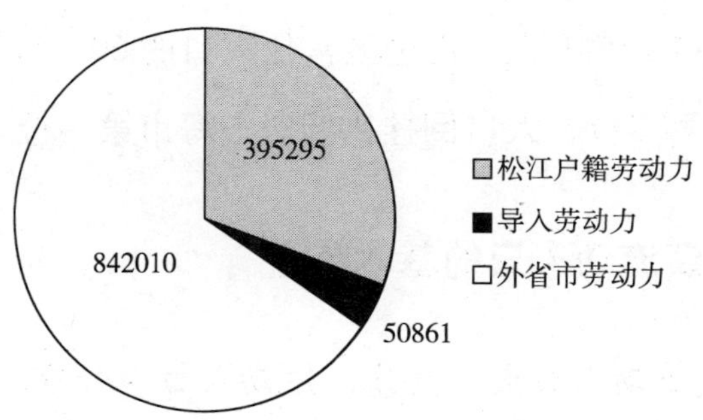

附图 1.5　松江区劳动力构成（单位：人）

（四）城镇化水平稳步提高

地区经济和工业化的快速发展，也带动了松江区城镇化较快发展。2003 年，松江区常住人口为 50. 7 万人，城镇人口为 23. 4 万人，城镇化率为 46. 2%。2012 年，松江区常住人口为 58. 88 万人，城镇人口为 49. 4 万人，城镇化率为 84. 0%。2003 ~2012 年，松江

区城镇化率提高了37.7个百分点，年均提高4.2个百分点。

二、松江区流动人口总体概况及存在的问题

松江区较好的就业机会、完善的公共服务、良好的生活环境吸引了大批外来劳动力。六普数据显示，外省（市）来松常住人口同五普的13.5万人相比，十年共增加了80.2万人，增长了5.9倍，平均每年增加8.0万人，年均增长率为21.4%。近两年，尽管经济发展减速，但外来常住人口持续增长。截至2013年4月底，松江区外来人口超过135万人，占全区常住人口的60%以上，流动人口总量居上海市第二位，人口倒挂比例居上海市第一位。

（一）松江流动人口的基本特点

1. 新生代流动人口成为主体，流动人口受教育程度显著提高

2012年监测数据显示：松江流动人口中15~29岁的劳动年龄人口的比例为53.5%，1980年以后出生的新生代流动人口已成为流动人口的主体。

同时，流动人口素质显著提高，大专及以上文化程度的流动人口比例逐步提高。六普数据显示，高中及以上文化程度的流动人口占33.0%，比五普（9.0%）提高了24个百分点。具有大专以上文化程度的流动人口比例，六普（10.9%）比五普（1.4%）也提高了9.5个百分点。

2. 流动人口分布较为集中，少数街镇流动人口密度较高

六普流动人口密度最高的三个街镇（园区）分别是九亭镇、岳阳街道、新桥镇，分别达到每平方公里6045人、4373人、3075人。九亭、新桥、车墩、泗泾、岳阳五个街镇的流动人口占全区的比例近3/5，其流动人口的平均密度达到3897人/平方公里，远高于全区的1550人/平方公里的平均水平。

3. 流动人口来源地相对集中，居住长期化、家庭化趋势明显

从流动人口的户籍地来看，66.5%的劳动年龄流动人口来自安徽、江苏、四川、河南、浙江、江西等邻近的省份，其中，36.1%的流动人口来自安徽和江苏两省，呈现出就近省份流动的趋势。

劳动年龄流动人口在流入地停留呈现长期化趋势。调查显示，松江区劳动年龄流动人口在本区平均停留时间为4.9年，有超过一半以上的流动人口在本区停留超过4年，其中，11.6%的人在本区停留时间超过10年，只有11.9%的流动人口在最近一年内才来松江。

另一方面，流动人口的家庭规模在扩大，目前松江区流动人口家庭的平均规模为2.82人，高于2010年六普（2.55人）常住人口的家庭户规模。全部800个家庭（包括单人流动人口户）中，23.8%为独自一人流动，76.2%为夫妻一起居住或与其他亲属一起居住。其中夫妻一起居住的占68.9%，与子女/媳婿一起居住的占61.7%，家庭化的趋势比较明显。

4. 流动人口收入水平显著提高，生活水平显著改善

本次调查的流动人口的月平均收入3568元，其中35.2%的流

动人口月平均收入处于2000～3000元之间，其家庭月平均收入（包括工资收入、经营收入、财产收入、转移性收入等）6544元，相比2011年2732.7元的月平均收入水平，增加了30.6%。

从流动人口的生活支出来看，松江区劳动流动人口的平均家庭月总支出为2578元，食品支出占总支出的比例为46.0%，从此次动态监测调查的数据来看，住房支出是目前流动人口消费支出的重要项目，此次调查的流动人口月平均房租支出430元，占家庭月平均总支出的16.7%。

（二）松江区流动人口的就业特征

1. 制造业是流动人口的主要就业领域

从2013年动态监测调查的数据来看，松江区制造业、批发零售吸纳了近七成的劳动年龄流动人口就业，其中制造业吸纳了53.2%，批发零售业吸纳了15.2%。从分单位性质来看，私营企业、个体工商户和外资企业（包括港澳台企业和中外合资企业）集中了80.3%的劳动年龄流动人口就业，其中私营企业吸纳了47.8%，个体工商户吸纳了19.8%，外资企业吸纳了12.7%。松江区流动人口在中外合资企业、国有及国有控股、集体企业也占有一定的比例，分别为6.1%、2.2%、1.6%。

2. 流动人口就业岗位呈现多样化趋势，工作满意度提升、稳定性增强

从动态监测调查的数据来看，松江区流动人口的职业主要为专业技术人员、经商、其他商业/服务业人员、生产人员，比例分别

为20.5%、13.0%、11.1%、27.6%，累计达到72.2%。流动人口对目前所从事的工作基本满意，其中，选择工资收入、工作环境、工作时间和人际关系满意为最满意方面的比例分别为30.3%、34.8%、18.8%、15.2%。对工作的满意程度比较高使得流动人口的工作也比较稳定，来本市后换过3次及以上工作的流动人口比例仅为8.7%，而从未换过工作的比例为64.8%，换过1次和2次工作的比例分别为11.8%、14.6%。

3. 流动人口工资收入仍处于较低水平

从上个月（或上次就业）的收入来看，在松江区吸纳流动人口最多的七类行业中，批发零售、物流（交通运输、仓储通信）、建筑的是劳动年龄流动人口月平均收入最高的三个行业，分别为4382元、3854元、3741元。除批发零售业，其他吸纳流动人口就业较多的行业的月平均收入却较低，住宿餐饮和制造业从业流动人口的月平均收入分别为3049元、3234元。

4. 流动人口就业率总体较高，但性别、学历差异依然存在

从本次调查来看，松江区劳动年龄流动人口就业比例非常高，达到86.6%，其中，男性的就业比例是95.1%，女性的就业比例是77.1%。

流动人口就业状况性别差异明显，男性的就业比例高出女性18个百分点，25~29岁和30~34岁年龄组的男女性就业比例差距更大。此外，有13.6%的女性流动人口未就业而在家操持家务，尤其是25~29岁的生育旺盛期的育龄妇女就业率只有72.4%。

不同学历流动人口就业上的性别差异依然存在，但值得重视的

是，随着学历的提高，女性的就业比例明显提高，松江区流动人口总的就业比例也是随着学历的提高而上升，而男性的就业比例受教育程度的影响并不明显。

（三）存在的问题

1. 流动人口素质总体较低，对产业结构转型升级支撑不足

松江区作为工业大区，在经济发展上一直偏重制造业，现代服务业发展相对滞后，因此，第二产业从业人数众多。从本次流动人口就业产业结构分布的动态监测数据来看，第二产业的从业比重明显高于第一、第三产业。其中，58.2%的劳动年龄流动人口从事第二产业，35.4%的劳动年龄人口从事第三产业。随着松江区产业结构调整和企业转型升级的不断推进，第三产业从业人员的不足将不利于经济下一步的转型发展。

同时，本次调查结果显示，仍有38.8%的流动人口仅仅是初中毕业，更有11.9%为小学及以下文化程度。由于其文化层次和能力的限制，在人力资本提升上难以有所突破，对企业的产业能级提升和运行质量提高也难以起到实质性的促进作用，难以适应松江区产业结构升级以及快速城镇化进程的需要。

2. 流动人口的劳动时间偏长

从调查数据来看，松江区流动人口劳动时间偏长，但行业差异明显。目前就业的流动人口中平均每周工作5.7天，平均每天工作9.3小时，工作时间的总和多于劳动法规定的44小时规定，较2011年的平均周工作5.65天，平均天工作8.98小时，流动人口的

劳动时间有增加的趋势。从吸纳流动人口就业最多的6类行业来看，平均每周工作时间最多的是批发零售业，为6.4天，而平均每天工作时间最长的是社会服务业，达到每天工作10.3个小时。

3. 流动人口群体复杂，社会管理与公共服务有效实施难度增大

流动人口是一个十分复杂的社会群体，按本人的户籍所在地为城镇或农村，可以分为从农村流入城镇的流动从业人员（即广义的农民工）、从其他城镇流入某城镇的流动从业人员、从城镇流入农村的流动从业人员；按本人在城镇从业是否有用人单位并与其建立劳动关系，可以分为有用人单位并与其建立劳动关系的流动从业人员、无用人单位的流动从业人员（如非本地户籍的自由职业者、个体手工业者、个体小商贩）；按本人是否灵活就业，可以分为属于正规就业的流动从业人员、属于灵活就业的流动从业人员。不同的流动人口群体所能享受到的服务政策有着明确的规定，而且流动人口由于个体的技能、知识、社会关系资源、适应能力等自身条件和所处的环境等经济社会条件的差异，使得他们的需求和实现需求的能力有很大差异。本次调查发现，流动人口在职业、受教育程度、收入、居留意愿等方面都存在一定的差异，而目前松江区流动人口的公共服务和管理政策并没有很好地考虑到流动人口这些分化的事实，在制度的具体执行措施上缺少灵活性，以统一化的办法来处理流动人口差异化的需求，所以统一化的制度安排，或将部分流动人口排斥在一些公共服务之外，从而在事实上制约了流动人口在这些方面享有的权益。

4. 流动人口社会保障有所改善，但总体不容乐观

为了做好流动人口的社会保障工作，上海在构建流动人口的社会保障制度方面进行了积极探索。2012 年，松江区有 51.2% 和 49.6% 的流动人口无法在本地享有城镇职工养老保险和医疗保险，比 2011 年分别降低了 12.2% 和 15.3%。虽然流动人口的社会保障状况有所改善，但是流动人口社会保险的缺失、参保率徘徊不前、城乡人口参保差异大等问题还一直存在。劳动年龄流动人口不论是在老家，还是在本地，享有城镇职工养老保险和医疗保险的比例都较低。2012 年，流动人口在本地享有城镇职工养老保险和医疗保险的比例分别为 48.8%、50.4%，在老家享有城镇职工养老保险和医疗保险的比例分别为 18.5% 和 30.9%。流动人口是否享有城镇职工养老保险和医疗保险在不同户口性质间同样存在明显差异，非农业户口流动人口享有城镇职工养老保险的为 22.6%，农业户口为 17.1%；非农业户口享有城镇职工医疗保险的占 68.8%，而农业户口为 41.7%。

5. 流动人口社会融合程度总体较低

目前流动人口业余时间的主要交往对象是同乡，其次是其他外地人，而与本地人的交流比较少。从流动人口的感受来看，47.5% 的人认为本地人总是看不起外地人。从流动人口参加本地社会活动来看，流动人口及其家人参加社会文体活动、社会公益活动、计划生育协会活动、社区卫生/健康教育活动的比例分别为 14.0%、21.0%、12.8%、14.9%、8.5%，其中，64.9% 的流动人口没有参加以上任何一项活动，16.0% 的流动人口仅参加其中一项活动。

流动人口的业余生活主要是看电视、玩牌，流动人口平均每周花在看电视和打牌上的时间为 12.8、10.4 个小时，而花在读书/看报和文体活动上的时间仅为 7.8 个、6.4 个小时。总体来看，目前本区流动人口的业余文化生活较空虚，参与发展性业余生活的比重较低。

三、松江区推动流动人口社会融合的措施

（一）提高随迁子女受教育范围和质量

松江区作为典型的人口倒挂区，公办学校资源不可能完全满足随迁子女接受义务教育的需求，为此，松江区在挖掘公办学校潜力的同时，加强了对民办学校的规范管理和扶持力度，积极推进务工人员随迁子女义务教育工作。

一是松江区通过公办学校校舍挖潜，以及部分村校资源改造等措施来解决务工人员随迁子女义务教育问题。2008 年以来，公办学校新增吸纳义务教育阶段务工人员随迁子女 5100 多名，吸纳比例与 2007 年底相比增长了 10 个百分点，占全区此类学生总数的 53.1%。通过回购、改造村校校舍，由教育局下属国有资产公司举办了 11 所务工人员随迁子女民办小学，同时严格按照市教委的标准，完成 8 所简易农民工子女学校的纳民工作。截至 2012 年 12 月，松江区通过公办学校吸纳、建立公办学校教学点、国有资产公司举办务工人员随迁子女小学以及简易农民工子女学校转民办等 4 种形式，为松江区全部符合条件的 46962 名义务教育阶段的务工人

员随迁子女提供了免费接受义务教育的机会。

二是严格管理制度，规范办学行为。松江区制订并实施“关于加强以招收农民工同住子女为主的民办小学规范管理的实施意见”，各职能部门分别制定了相关管理细则，教育局专门制作了《松江区以招收进城务工人员随迁子女为主的民办小学规范管理实用手册》，以规范此类学校的办学行为。同时，松江区国库支付中心教育分中心设立民办学校财务科，学校实行统一管理。2011 年底，根据《上海市教育委员会、上海市财政局关于加强 2011 年教育费附加转移支付资金使用管理的通知》精神，区级财政追加投入 5100 多万，将民办随迁子女小学的办学成本补贴提高至 4500 元/生/年，其中不低于 60% 的经费用于教职工收入，2012 年春节前完成了 2011 年此类学校教职工工资补发工作。还设立了校舍租赁和大修专项经费。

三是加大扶持力度，改善办学条件。利用市区两级专项经费逐步改善本区以招收务工人员随迁子女为主的民办小学的办学条件。此类学校的食堂、厕所、图书室、体育器材、卫生室等设施已基本满足教学要求。2008 年至今，区财政用于此类学校办学条件改善的经费累计 3000 多万元。同时，松江区教育局组织校长、举办者培训，提高办学者依法治校和规范办学的能力。现已完成第一轮全部 780 名民办随迁子女小学教师的培训工作。针对此类学校教师学历普遍不高的现状，松江区制订并实施了高一层次学历教育扶持计划。当前，学校教师持证上岗情况和学历达标情况呈现逐年提高的良好态势。此外，为进一步提高民办随迁子女小学的管理水平和教育教学质量，松江区开展公办中小学与民办随迁子女小学结对共建，务工人员随迁子女小学毕业生质量检测等工作。

（二）推进流动人口公共卫生均等化

公共卫生均等化直接关系到流动人口的切实利益，近几年松江区政府出台了不少相关政策措施。2005 年，松江区政府下发《关于印发松江区三医联动综合改革试点方案的通知》，将外来常住人口纳入基本公共卫生服务对象，同时预防保健经费的核拨也以常住人口为标准，在上海市率先明确预防保健经费按照常住人口拨付。2008 年松江区制定《上海市松江区儿童保健门诊规范要求》，确保外来流动人口儿童较好地享受到儿童预防保健。2009 年，松江区制定公共卫生工作指南，明确公共卫生服务的项目、具体内容和要求，确立 12 大类 42 项基本公共卫生服务项目，明确基本公共卫生服务项目由政府免费向居民提供。2013 年，区卫生局和财政局联合发文，明确为包括 0～6 岁儿童开展免费体检和新生儿出生缺陷监测和防治工作，享受对象包括来沪人员。

为切实保障流动人口享有同等的医疗和公共卫生服务，松江区采取了多种措施：一是在九亭镇、新桥镇、车墩镇等外来流动人口相对聚集的地方，增加卫生服务设施，在社区卫生服务中心增设儿童计划免疫接种门诊。二是完善服务站点网络，方便外来流动人口就近方便享有卫生服务，而且尽量享有优质、高效的服务，确保大量外来人口基本公共卫生服务下沉社区。三是为来沪孕妇 9 次健康检查和孕产妇 800 元限价分娩，免费为学龄儿童进行龋齿填充，为结核病人和艾滋病病人提供免费药物等举措。

（三）促进农民工文化生活

农民工是流动人口的主体，他们在正常工作时间之外，也需要丰富的业余文化生活。松江区在促进农民工文化生活方面的具体措施如下。

一是完善基础设施建设，落实农民工文化惠民工程。从2007年开始松江区在上海市率先进行了村级综合文化活动室建设，并将其列入政府实事工程。2007年至2009年，区财政每年投入1000万元新建和改建村级综合文化活动室、“农家书屋”和“文化信息苑”。为进一步建立覆盖全区的基层图书网络，规划要求在2012年之前完成连队书屋23家，实现连队书屋全覆盖。在2015年前再建社区书屋100家，农民工书屋8家，实现社区书屋全覆盖，基本实现“15分钟文化服务圈”，能够为广大农民提供便捷的文化服务。另外，松江区还广泛开展丰富多彩的文化活动。2012年，“关爱农民工，建设和谐松江”外来务工者电影放映专场放映130场，受众109538人次；“农民工子弟学校”放映专场放映110场，受众24520人次；农民工假日电影放映22场，受众3915人次；三下乡电影配送209场，受众62700人次；全年送书53005册。

二是抓好文化场馆免费开放，拓展农民工文化生活空间。为贯彻落实《文化部、财政部关于推进全国美术馆、公共图书馆、文化馆（站）免费开放工作的意见》，充分发挥美术馆、公共图书馆、文化馆（站）保障公民基本权益，提高公民鉴赏能力的重要作用，松江区免费开放多功能厅、展览厅（成列厅）、辅导培训教室、计算机与网络教室等公共空间设施场地，开展免费书报刊借阅、时政法制科普教育、群众文艺演出活动、数字文化信息服务、公共文化资源配送和流动服务、体育健身、青少年校外活动，以及办证、存包等辅助性服务内容，为农民工提供优质、免费、高效的文化服务。另外，农民工享受本市户籍人口同等借阅、观看展览、聆听讲座、自习阅读及利用图书馆文献资源的权利，已纳入区图书馆服务范围。按照“就近阅读原则”，2011 年分别建成新桥镇和方松街道农民工居住区图书室，2012 年 3 月 1 日建成松江区中山工业园区农民工标准图书室，使他们享受到文化阅读基本权益。

三是搭建农民工文化平台，打造农民工活动品牌。每年的元旦、春节、元宵、“五一”、“十一”五个节日，松江区主管部门都会在佘山镇、中山街道、永丰街道免费放映农民工专场电影。在“万、千、百”活动的“百姓戏台”中，引进一些外来地方戏剧，让农民工在异地他乡就能观赏自己的家乡节目，更好地为农民工服务。在文艺创作奖励中，也把在松江居住满一年以上的农民工纳入奖励范围，让农民工真正融入当地的社会生活。同时，送书送电影，积极开展企业农民工文化工作。2011 年 3 月，松江区图书馆为叶榭文化活动中心建设工地农民工送书 300 册；2011 年 5 月，为上海速腾印刷厂农民工送书 500 册；2011 年，松江区文化资源配送中心为农民工企业配送电影 170 多场，将电影送进了达丰电脑、比亚迪、红斯服装厂、北玻玻璃公司、小昆山飞雕电器、正泰电器、龙工等厂区。

（四）加大对流动人口的职业培训力度

流动人口进城工作和生活，面临着生活环境的改变和生存发展的需求，需要地方政府予以正确引导和积极关注。松江区政府根据自身的产业发展和企业用工需求，依托社会职业培训机构，结合农民工从业岗位的技能要求，研究制定了针对外来务工人员的就业培训配套政策，开展了本区外来农民工职业技能补贴培训工作。并通过扩大农民工培训规模，提高培训层次，完善培训质量监管，切实提高农民工职业素质和就业能力。另外，还通过建立外来农民工监测点，每周开展1~2次集体职业指导，每年结合“春风行动”等专项活动，切实做好外来农民工就业服务工作。

（五）保障流动人口的民主权利

只有积极引导流动人口依法行使公民的民主政治权利，才能真正增强流动人口的归属感。为保障流动人口的选举权，从人大代表、党代表的选举权与被选举权的行使，到社区业主委员会成员的产生等方面，松江区都注重流动人口的参与；积极推进党建团建、工会组织建设在“两新”组织的全覆盖，重视培养流动人口中的优秀分子入党、入团；在民主推荐、协商、选举各级人大代表、政协委员时，充分考虑留有一定比例，使常住流动人口不再成为参政议政的局外人。同时，积极在流动人口中评选“劳动模范”、“新长征突击手”等，2011年，还有一户流动人口家庭获得“中国幸福家庭”荣誉。此外，为维护流动人口合法权益，区政府还以实施实事项目为载体，在流动人口集中居住地建立了20个标准化的流动人口计划生育协会，在各街镇建立“一家人”诉求站，帮助流动人口解决生活中的困难和开展维权活动，提高他们在松江生活的适应能力，改善他们的生存和发展环境。

2011年底针对“农二代”的调查显示，超过七成的人认为其在松江与周边的人“相处得比较好”。而且在松江时间越长，他们对松江社会环境的适应性越强，这充分说明了松江区在促进流动人口社会融入方面取得了积极的成效和良好的回报，具体体现在：一是社会文明指数的提高使得流动人口被歧视的心理大为下降；二是教育、就业及社会保障的规范让流动人口找到了自身价值的尊严；三是社区服务的“市民待遇”让流动人口强化了融入意识和“同化”意愿；四是社会公正公平的彰显使流动人口对城市的认知度和归属感大为增强。

四、推动流动人口社会融合的政策建议

流动人口的社会融入包括经济层面、社会层面、心理层面和文化层面。为促进流动人口的社会融合，在经济层面应提升流动人口的人力资本和就业能力，增强流动人口居住的稳定性，适应和促进地方经济发展；在社会层面，要加快推进公共服务均等化，促进农民工市民化；在心理和文化层面，要加强面向流动人口的文化建设，发挥社区的融合功能，最终促使流动人口职工融入企业，子女融入学校，家庭融入社区，群体融入社会。

（一）营造保障流动人口基本权益的制度环境

一是积极探索居住证积分化管理制度，实现流动人口科学分类。继续推进外来从业人员纳入上海市城镇职工基本养老保险范围

制度，不断完善医疗、工伤保险政策，引导企业为流动人口提供住房公积金，从而提高来松务工人员的社会保障和市民待遇水平，增强他们对现居住地的归属感，使得流动人口能够在松江进得来、留得住、用得上。

二是做好政策调整的衔接。国家和地方对流动人口管理服务工作的要求越来越高，各项政策也不断完善，如 2009 年，上海的流动人口由缴纳综合保险转为缴纳社会保险，但对之前的综合保险的接续问题没有明确规定，造成部分流动人口利益受损。因此，应当做好新老政策衔接工作，切实保障流动人口合法利益。

三是建立完善流动人口计划生育基本公共服务保障机制，及时落实流动人口计划生育免费服务，实现免费服务全覆盖。建立流动人口计划生育服务管理“以补代奖”制度，充分发挥奖励资金的引导作用，每年依据各街镇（园区）流动人口总量和工作绩效，对流动人口计划生育工作经费进行补助。巩固社区服务网络，通过为流动人口集中地区配备流动服务车，建立成本低廉、机动灵活、主动上门的服务模式，增强计划生育、生殖健康服务的可及性，全面提升流动人口服务管理能力。同时，加强流动人口公共服务的宣传和教育，尤其是要想方设法提高基层计生干部的工作积极性、主动性和科学性，服务理念要从“在办公室等”向“主动提供”转变，确保将流动人口各项惠民措施落到实处。

（二）进一步优化改善流动人口的发展环境

一是多种路径来改善流动人口的居住条件。鼓励企业自建员工宿舍，降低来松务工人员的居住成本。二是扩大本地公立学校对持有居住证的流动人口子女的招生名额，投入专项资金改善在松民工子弟学校的办学条件。三是以村（居）民自治为载体，推动来松人员与户籍居民一样平等地参与社区建设、社区管理和社区服务；以党团、工会组织建设、选举工作等为抓手，引导来松人员积极参与居住地的民主政治建设。四是扩大劳动就业的信息公开面，为流动人口提供公平的就业机会；加强劳动监察，维护来松务工人员的切身利益，扩大对来松人员职业培训和成人教育的覆盖面。

（三）创造流动人口和谐融入的文化环境

一是举办区情风俗、法制宣传、科普知识和语言文化等方面的系列专题宣传活动，通过进社区、进企业、进学校等形式，尽可能地帮助流动人口熟悉和适应当地的社会生活和城市规章；弘扬“海纳百川”的精神，接纳和包容流动人口不同地域的文化背景，在鼓励融入当地的同时，满足他们不同的文化和精神需求。二是引导企业树立社会责任意识，丰富员工业余文体活动，为务工人员的健康生活提供便利。社会公益组织则可发挥博爱救助的精神，为流动人口提供适宜的各方面帮助。三是加强社区的平台作用，在社区开展多种形式的公共娱乐、互助等活动，为流动人口和本地居民提供沟通和交流的机会并建立良好的社会交往关系。四是通过开设“沪语学习班”，让流动人口尽快熟悉和掌握本地方言，方便与本地户籍居民的交流；在流动人口居住密集的居委会和村委会选举中增设来沪人员的名额，通过共同参与，变部门职能为全社会共同参与，变一味防范为尊重和信任；可利用公共节日的庆祝活动、群众性的体育文化活动、中小学生的夏令营等构筑社区交往的平台，突破相对封闭的生活圈，增进相互了解和情感沟通。

（四）进一步深化流动人口社会融合试点工作

一是强化顶层设计。根据流动人口社会融合指标体系的要求，加强对流动人口居住、就业、就医、就学等公共服务政策的顶层设计，通过实施国家级、省、市级试点项目，逐步改善有利于流动人口生存和发展的政策环境和社会环境。二是加大经费投入。将流动人口基本公共服务和社会融合等项目列入公共财政预算，加大对相关项目的经费投入。根据流动人口数量及需求变化，在地方财政配套投入的基础上，中央、省、市级公共财政资金应该向流动人口聚集区域倾斜，逐步实现流动人口与本地户籍人口财政投入标准相同。建立全国范围内的流动人口社会保险统一支付、结算制度，保障流动人口作为市场要素的人力资源能自由流动。三是针对不同流动人口群体的特点，细化管理，以试点的方式探索流动人口管理服务的新模式。四是引入国际理念。借鉴国际社会成熟的流动人口社会融合经验，通过实施相关国际合作项目，探索建立符合中国国情的流动人口社会融合指标体系。在此基础上，定期发布不同地区流动人口社会融合指数，促进地方政府更加关注流动人口的权益保障状况，更加聚焦流动人口社会融合工作，在最大程度上缩小城乡“二元结构”对社会公平和公正的负面影响。

附录二 上海市松江流动人口社会融合数据分析报告

本次调查[①]在上海松江区的样本共1653个，从就业与保险、支出与收入、生活与感受、融合意愿等方面来看，上海松江区流动人口社会融合程度总体不高，但不同群体差异性较大，已婚、居住时间长、举家外出、学历水平高的流动人口的社会融合程度相对较高。

一、就业与保险状况

（一）工作以自己找到为主

找到目前工作的途径最多的是通过自己找到的。调查显示，有440人是自己找到工作的，占样本总量的26.6%。除此之外，通过家人或亲戚、朋友或同学找到工作的也较多，分别有199个和187个样本，占总量的12.0%和11.3%。通过传媒广告和政府部门找到工作的人最少，分别只占样本总量的0.2%和0.3%。

---

① 本次调查时间为2013年8月。

附表 2.1　找到目前工作的途径

工作途径	样本数（个）	占总样本的比重（%）	占有效样本的比重（%）
政府相关部门	5	0.3	0.3
社会中介	180	10.9	11.7
本地熟人	43	2.6	2.8
外地熟人	95	5.7	6.2
家人/亲戚	199	12.0	12.9
同乡/朋友/同学	187	11.3	12.1
网　络	55	3.3	3.6
传媒广告	4	0.2	0.3
招聘会	102	6.1	6.6
自主创业	169	10.2	10.9
自己找到	440	26.6	28.5
其　他	65	3.9	4.2
缺失项	108	6.5	
样本总量	1653	100	

（二）多半签订劳动合同，且多为固定期限

大多数流动人口与工作单位签订了劳动合同，其中有固定期限的合同接近一半。调查显示，签订劳动合同的样本有 950 人，占样本总量的 57.4%，其中，有固定期限劳动合同的样本有 817 人，占总样本的 49.4%。

附表 2.2　与工作单位签订劳动合同类型

劳工合同类型	样本数（人）	占总样本的比重（%）	占有效样本的比重（%）
无固定期限	111	6.7	9.9
有固定期限	817	49.4	73.1
完成一次性工作任务或试用期	22	1.3	2.0

续表

劳工合同类型	样本数（人）	占总样本的比重（%）	占有效样本的比重（%）
未签订劳动合同	140	8.4	12.5
不清楚	26	1.6	2.4
其　他	1	0	0.1
有效样本合计	1117	67.5	100
缺失项	537	32.4	
合　计	1653	100	

（三）绝大部分未接受政府免费培训

绝大部分人没有接受过政府的免费培训。调查显示，近三年中，在本地没有接受政府免费培训的样本有1519个，占总样本的91.8%。

（四）未参加城镇职工医疗保险主要是因为不了解

没有参加本地城镇职工医疗保险最主要的原因是不了解。调查显示，样本中有396人因为不了解而没有参加本地城镇职工医疗保险，占样本总量的23.9%。除此之外，觉得本地城镇职工医疗保险不适用的有231人，占13.9%。

附表2.3　　未参加本地城镇职工医疗保险的原因

未参加本地城镇职工医疗保险的原因	样本数（人）	占总样本的比重（%）	占有效样本的比重（%）
不了解	396	23.9	43.5
在老家参加了其他医疗保险	105	6.3	11.5
缴费标准高	51	3.1	5.6
单位不给缴	90	5.4	9.9

续表

未参加本地城镇职工医疗保险的原因	样本数（人）	占总样本的比重（%）	占有效样本的比重（%）
对自己身体有信心	13	0.8	1.5
转移接续麻烦	24	1.4	2.6
不适用	231	13.9	25.3
有效样本合计	910	55.0	100
缺失项	743	44.9	
合　计	1653	100	

二、支出与收入

（一）总收入水平较低

流动人口老家收入普遍较低。调查显示，样本老家总收入低于5000元的有658个，占样本总量的38.4%，其次为1万~2万和5000~1万的，占比分别为15.8%和15.3%。

附表2.4　　去年老家总收入

去年老家总收入(元)	样本数（个）	占总样本的比重（%）	占有效样本的比重（%）
<5000	658	38.4	41.5
5000~1万	261	15.3	16.5
1万~2万	269	15.8	17
2万~3万	165	9.6	10.5
3万~4万	83	4.9	5.2
4万~5万	81	4.6	5.2
5万~8万	58	3.1	3.7
>8万	43	2.4	3
有效样本合计	1612	97.5	100
缺失项	41	2.5	
合　计	1653	100	

（二）总支出

近半流动人口去年老家总支出不足5000元。调查显示，样本中去年老家总支出小于5000元的有761个，占总样本的44.8%；5000~1万元的占21.4%；1万~2万元的占16.5%，其他等级的均不足10%。

附表2.5　去年老家总支出

去年老家总支出(元)	样本数（个）	占总样本的比重（%）	占有效样本的比重（%）
<5000	761	44.8	47.8
5000~1万	368	21.4	23.1
1万~2万	285	16.5	18.2
2万~3万	109	6.2	7
3万~4万	43	2.3	3
4万~5万	30	1.6	2
>5万	28	1.2	2.1
有效样本合计	1620	98	100
缺失项	33	2	
合　计	1653	100	

1. 大多数没有用于学习、培训、教育的支出

绝大部分流动人口本人及配偶在本地没有用于学习、培训、教育的支出，子女用于该项的支出每月在千元以内的居多。调查显示，1267个，即76.6%的样本本人及配偶在本地每月用于学习、培训、教育的支出为零，即使有该项支出的，也多在千元以内。相比之下，44.8%的子女没有用于学习、培训、教育的支出，且支出在1000元以内的仅有415人，占样本总量的23.8%。

附表 2.6　　在本地每月用于学习、培训、教育的支出

用于学习、培训、教育的支出（元）	本人及配偶		子　女	
	样本数（人）	占总样本的比重（%）	样本数（人）	占总样本的比重（%）
0	1267	76.6	742	44.8
0～1000	279	16	415	23.8
1000～2000	12	0.6	38	2.2
2000～4000	3	0	21	0.9
>4000	1	0	4	0.1
有效样本合计	1559	94.3	1216	73.5
缺失项	94	5.7	437	26.4
合　计	1653	100	1653	100

2. 超半数家庭的交通、通讯费在 200 元以内

大部分家庭在本地每月的交通、通讯费在 200 元以内。调查显示，家庭在本地每月交通、通讯费在 200 元以内的有 1012 个，占样本总量的 60.8%。其中，100～200 元的最多，有 551 个样本，占 33.3%，不足 100 元的有 461 个，占 27.5%；200～300 元的有 251 人，占 14.9%；家庭在本地每月的交通、通讯费超过 2000 元的有 15 人，占样本总量的 0.5%。

附表 2.7　　家庭在本地每月的交通、通讯费

每月交通、通讯费(元)	样本数(个)	占总样本的比重(%)	占有效样本的比重(%)
<100	461	27.5	28.2
100～200	551	33.3	33.5
200～300	251	14.9	15.4
300～500	212	12.7	13
500～1000	118	6.8	7.3
1000～2000	40	2.1	2.7
>2000	15	0.5	1.3
有效样本合计	1645	99.5	100
缺失项	8	0.5	
合　计	1653	100	

3. 过半数家庭没有用于医疗的相关支出

流动人口在本地医疗相关支出（自己负担部分）较低。调查显示，过半数样本去年本人或其他成员在本地没有医疗相关支出。其中，本人在本地没有医疗相关支出的样本有979个，占总样本的59.2%；支出在500元以内的占21.3%。家庭其他成员在本地没有医疗相关支出的有976人，占59.0%，支出在500元以内的占15.1%。

附表2.8　在本地的医疗相关支出（自己负担部分）

在本地的医疗相关支出（元）	本人		其他成员	
	样本数（人）	占总样本的比重（%）	样本数（人）	占总样本的比重（%）
0	979	59.2	976	59.0
0~500	371	21.3	263	15.1
500~1000	120	6.9	140	8.2
1000~2000	59	3.2	85	5.0
2000~3000	29	1.5	43	2.4
3000~5000	26	1.3	35	1.8
5000~10000	11	0.4	17	0.9
>10000	6	0.1	14	0.4
有效样本合计	1596	96.5	1569	94.9
缺失项	57	3.4	84	5.1
合　计	1653	100	1653	100

4. 请客送礼支出较少

流动人口在本地用于请客送礼的支出较少。调查显示，去年在本地没有请客送礼支出的样本有694个，占总样本的41.9%。在有请客送礼支出的样本中，也多是千元以内的，占总样本的23.1%；1000~2000元的占13.2%。随着请客送礼支出额度的增加，样本比例减少。

附表2.9　　去年在本地用于请客送礼支出

请客送礼支出（元）	样本数（个）	占总样本的比重（%）	占有效样本的比重（%）
0	694	41.9	43.2
0~1000	370	22.1	23.1
1000~2000	223	13.2	14.1
2000~3000	116	6.7	7.4
3000~4000	29	1.4	2
4000~5000	89	5.3	5.5
5000~10000	63	3.7	4
>10000	21	0.9	1.8
有效样本合计	1604	97	100
缺失项	50	3	
合　计	1653	100	

5. 有一半人寄回或带回老家的钱（物）不超过1万元

去年接近一半的流动人口寄回或带回老家的钱（物）不超过1万元。调查显示，去年没有寄钱回家的样本有451个，占样本总量的27.3%。寄回或带回老家的钱（物）不超过1万元的有817个，占总样本的49.4%；1万~5万的占19.0%，寄回家5万元及以上的有37人，占样本总量的2.2%。

附表 2.10　　去年寄回或带回老家的钱（物）合计

寄回或带回老家的钱（物）（元）	样本数（个）	占总样本的比重（%）	占有效样本的比重（%）
0	451	27.3	27.9
0～5000	326	19.7	20.1
5000	180	10.9	11.1
5000～1万	92	5.6	5.7
1万	219	13.2	13.5
1万～2万	64	3.9	3.9
2万	142	8.6	8.8
2万～5万	108	6.5	6.7
＞＝5万	37	2.2	2.3
有效样本合计	1619	97.9	100
缺失项	34	2.1	
合　计	1653	100	

6. 大部分家庭其他成员没给钱

去年大部分家庭其他成员没有给钱。调查显示，去年样本中1157个家庭的其他成员没有给钱，占总样本的69.9%；家庭成员给钱的也以小于2000元为主，占样本总量的12.1%。

附表 2.11　　去年你家其他成员给你多少钱

其他成员给的钱(元)	样本数(个)	占总样本的比重(%)	占有效样本的比重(%)
0	1157	69.9	73.5
0～2000	209	12.1	13.5
2000～5000	109	6.2	7.1
5000～1万	62	3.5	4
＞1万	41	1.6	3.2
有效样本合计	1573	95.1	100
缺失项	80	4.8	
合　计	1653	100	

（三）购物场所集中在超市和大型商场

去超市和大型商场购物的流动人口最多。调查显示，购物场所首选超市的样本有713个，占样本总量的43.1%；首选大型商场的有693个，占样本总量的41.9%。选择批发市场、网络购物和小商店的比例从首选到第二、第三位选择逐渐增加。其中小商店的比例由首选的3%增加到第三位的29%。

附表2.12　　常去的购物场所

常去的购物场所	第一位		第二位		第三位	
	样本量（个）	占比（%）	样本量（个）	占比（%）	样本量（个）	占比（%）
大型商场	693	41.9	174	10.5	171	10.3
专卖店	80	4.8	288	17.4	93	5.6
超　市	713	43.1	581	35.1	226	13.6
批发市场	69	4.1	198	11.9	221	13.3
网络购物	41	2.4	94	5.7	258	15.6
小商店	50	3	284	17.1	480	29
地　摊	7	0.4	24	1.4	175	10.6
其　他	2	0.1	2	0.1	2	0.1
有效样本合计	1653	100	1645	99.5	1625	98.3
缺失项	0	0	9	0.5	28	1.7
合　计	1653	100	1653	100	1653	100

（四）未来消费愿望以改善食品结构为主

流动人口未来三年最主要的消费愿望是改善食品结构。调查显示，未来三年最主要的消费愿望首选改善食品结构的样本有794

个，占样本总量的48%；第二位和第三位主要集中于子女教育、购车买房等。

附表 2.13　　未来三年的最主要消费愿望

未来消费愿望	第一位		第二位		第三位	
	样本量（个）	占比（%）	样本量（个）	占比（%）	样本量（个）	占比（%）
改善食品结构	794	48.0	117	7	132	8
购置服装首饰	154	9.3	332	20.1	87	5.2
增加孩子教育花费	370	22.3	417	25.2	164	9.9
个人教育与兴趣培养	83	5	254	15.3	191	11.5
增加娱乐消费	49	3.0	171	10.3	217	13.1
家居装修或装饰、购置家具或家电	31	1.9	231	13.9	259	15.6
美容健身	7	0.4	30	1.8	55	3.3
购车/买房	163	9.9	89	5.4	489	29.5
其　他	3	0.2	3	0.2	6	0.3
合　计	1653	100	1653	100	1653	100

三、生活与感受

（一）居住社区两极分化，邻居以外地人为主

流动人口居住社区出现两极分化现象。调查显示，流动人口中，居住在农村社区的最多，有526个样本，占样本总量的31.8%；其次为居住在别墅区或商品房社区的，有509个样本，占比为30.8%。

附表 2.14 目前居住社区类型

居住社区类型	样本数（个）	占总样本的比重（%）
别墅区或商品房社区	509	30.8
经济适用房社区	43	2.6
机关事业单位社区	15	0.9
工矿企业社区	204	12.3
未经改造的老城区	112	6.7
城中村或棚户区	9	0.5
城乡结合部	201	12.1
农村社区	526	31.8
其　他	35	2.1
合　计	1653	100

影响流动人口选择现居地最大的原因是有工作机会、挣钱多。从调查结果来看，1653 个样本中有 1406 个样本选择此项，占样本总量的 85.06%。除此之外，由于亲朋好友多，可相互照应与能学技术、开眼界而在选择现居住地的也比较多，均接近一半。

附表 2.15 选择现居住地的原因

选择现居地的原因	样本数（个）	占总样本的比重（%）
有工作机会、挣钱多	1406	85.06
能学技术、开眼界	818	49.49
照顾家庭成员/家庭团聚	570	34.48
亲朋好友多，可相互照应	823	49.79
孩子可以接受更好的教育	503	30.43
对外地人比较友善	484	29.28
家人/朋友介绍	681	41.20
离老家近，比较方便	208	12.58
其　他	16	0.97
样本总量	1653	100

大部分流动人口邻居是外地人。调查显示，邻居主要是外地人

的样本有904个，占样本总量的54.7%；邻居主要是本地居民的有265人，占16%；外地和本地人差不多的有436个，占26.4%。

附表2.16　　主要邻居类型

邻居类型	样本数（个）	占总样本的比重（%）	占有效样本的比重（%）
外地人	904	54.7	54.7
本地市民	265	16.0	16.0
前两类人口差不多	436	26.4	26.4
不清楚	48	2.9	2.9
合　计	1653	100	100

（二）来往人群多为一起出来打工的亲戚、朋友和同乡

除上班时间外，流动人口在本地与一起出来打工的亲戚、朋友和同乡往来比较多。调查显示，样本中与一起出来打工的亲戚来往最多的有1209个，占样本总量的73.1%；与其他一起打工的朋友来往最多的有1148个，占69.4%；与一起出来打工的同乡来往最多的有1136个，占68.7%。

附表2.17　　除上班时间外，在本地平时来往比较多的人

联系最多的人	样本量（个）	占比（%）
一起出来打工的亲戚	1209	73.1
一起出来打工的同乡	1136	68.7
本地户籍亲戚	137	8.3
其他一起打工的朋友	1148	69.4
本地户籍同事	299	18.1
政府管理服务人员	50	3
本地同学	300	18.1
跟人来往不多	336	20.3
其他人	8	0.5
合　计	1653	100

在本地遇到困难时，大部分人向一起出来打工的亲戚求助。调查显示，流动人口遇到困难时，向一起出来打工的亲戚求助的样本有 1215 个，占总样本的 73.5%；其次向一起打工的同乡和朋友求助的人也较多，分别有 990 人、955 人，占总样本的 59.9%、57.7%。

附表 2.18　遇到困难时的求助人群

求助人群	样本量（个）	占比（%）
一起出来打工的亲戚	1215	73.5
一起出来打工的同乡	990	59.9
本地户籍亲戚	119	7.2
其他一起打工的朋友	955	57.7
本地户籍同事	189	11.4
行政执法部门人员	131	7.9
本地同学	237	14.3
村/居委会、物业人员、房东	331	20
很少找人	447	27
其他人	10	0.6
合　计	1653	100

（三）休闲时多看电视、电影、录像，很少参加组织团体和社区活动

休闲时看电视、电影、录像的最多。调查显示，休闲时首先选择看电视/电影/录像的样本有 1023 个，占样本总量的比例为 61.8%；第二位的是逛街、逛公园，有 271 人，占比为 16.4%；第三位的是做家务，占比为 22.6%。

附表 2.19　休闲时候主要做的事情

休闲活动	第一位		第二位		第三位	
	样本量（个）	占比（%）	样本量（个）	占比（%）	样本量（个）	占比（%）
看电视/电影/录像	1023	61.8	260	15.7	117	7
下棋/打牌/打麻将	55	3.3	218	13.2	29	1.7
逛街/逛公园	75	4.5	271	16.4	168	10.1
读书/看报/学习/锻炼	56	3.4	157	9.5	78	4.7
上网/玩电脑游戏	155	9.3	240	14.5	154	9.3
与家人朋友聊天	64	3.8	195	11.8	360	21.7
闲呆/睡觉	55	3.3	190	11.5	344	20.8
做家务	164	9.9	114	6.9	374	22.6
其　他	7	0.4	3	0.2	5	0.3
合　计	1653	100	1653	100	1653	100

大部分流动人口在本地没有参加组织团体。调查显示，所参加的组织团体中参加工会、老乡会和同学会的相对较多，其中参加工会的有 131 人，占总样本的 7.9%；参加老乡会的有 115 个，占 6.9%；参加同学会的有 104 个，占 6.3%。

附表 2.20　参与组织的情况

参与的组织	参加该组织的样本量（个）	占总样本的比重（%）
工　会	131	7.9
志愿者协会	27	1.6
流动党（团）支部	14	0.8
本地党（团）支部	15	0.9
家乡商会组织	27	1.6
同学会	104	6.3
老乡会	115	6.9
其　他	4	0.2

参加活动的流动人口较少，其中，参加者以社区文体活动和社区公益活动居多。调查显示，参加过社区公益活动的最多，有 171 个样本，占样本总量的 10.3%；参加过社区文体活动的有 134 个样本，占 8.1%。参加其他活动的则相对较少。

附表 2.21　　参加过的活动的情况

参加过的活动	参加过该活动的样本量（个）	占总样本的比重（%）
社区文体活动	134	8.1
社会公益活动	171	10.3
选举活动	55	3.3
评优活动	38	2.3
业主委员会活动	23	1.4
居委会管理活动	49	2.9
其　他	3	0.2

（四）半数流动人口认为陪孩子学习、玩游戏不适用

过半流动人口认为陪孩子学习、玩游戏或带孩子去公园、看展览等不适用。调查显示，认为不适用的样本有 842 个，占样本总量的 50.9%；偶尔陪孩子学习、玩游戏、带孩子去公园、看展览等的有 374 个，占 22.6%；经常陪孩子的只有 272 个，占 16.5%。

附表 2.22　　平时是否陪孩子学习、玩游戏等

陪孩子学习、玩游戏等情况	样本数（个）	占总样本的比重（%）
经　常	272	16.5
偶　尔	374	22.6
几乎没陪过	165	10.0
不适用	842	50.9
合　计	1653	100

（五）在老家主要操心老人赡养问题

流动人口在老家最操心老人赡养问题。调查显示，最操心老人赡养问题的有 1178 个样本，占样本总量的 71.2%；其次担心干活缺人手和子女照看，分别占 25.7% 和 24%。

附表 2.23　　在老家主要操心的事情

主要操心的事情	样本量（个）	占比（%）
老人赡养	1178	71.2
子女照看	398	24
子女教育费用	288	17.4
配偶生活孤独	29	1.7
干活缺人手	425	25.7
家人有病缺钱治	360	21.8
其　他	9	0.5
样本总量	1653	100

（六）大部分能听懂本地话，与本地人交流多用普通话

大部分流动人口能听得懂本地话。调查显示，不懂本地话的样本有 542 个，占样本总量的 32.8%。听得懂一些但不会讲的有 779 人，占总量的 47.1%；听得懂，也会讲一些的占 16.4%；能听得懂且会讲的样本只有 61 个，仅占全部样本的 3.7%。

附表 2.24　　对本地话掌握程度

对本地话掌握程度	样本数（个）	占总样本的比重（%）
听得懂且会讲	61	3.7
听得懂，也会讲一些	271	16.4

续表

对本地话掌握程度	样本数（个）	占总样本的比重（%）
听得懂一些但不会讲	779	47.1
不懂本地话	542	32.8
合　计	1653	100

绝大多数流动人口选择用普通话与本地人交流。调查显示，在与本地人交流时，选择普通话的样本有1559个，占总样本的94.3%。视情况而定的样本有41个，占2.5%；选择家乡话的有36个，占2.1%；选择本地话的有17人，占1%。

附表2.25　　与本地人交流所用语言

与本地人交流语言	样本数（个）	占总样本的比重（%）	占有效样本的比重（%）
普通话	1559	94.3	94.3
家乡话	36	2.1	2.2
本地话	17	1.0	1.0
视情况而定	41	2.5	2.5
有效样本合计	1653	99.9	100
缺失项	1	0.1	
合　计	1653	100	

（七）与本地市民的最大差别在于饮食习惯，对待差别大部分人无所谓

自己或外来的同乡与本地市民的最大差别是饮食习惯。调查发现，认为饮食习惯差别较大的样本有976个，占样本总量的59%；其次分别为节庆习俗和观念看法，样本量分别为681个和675个，占样本总量的比例分别为41.2%和40.8%。

附表 2.26 与本地市民的差别

差别项	样本量（个）	占总样本的比重（%）
饮食习惯	976	59
服饰着装	223	13.5
卫生习惯	361	21.8
节庆习俗	681	41.2
人情交往	488	29.5
观念看法	675	40.8
其　他	11	0.6

对于存在的差别，大部分流动人口认为无所谓或会努力缩小差别。调查显示，认为无所谓的样本有 522 个，占样本总量的 31.5%；在努力缩小差别的有 360 个样本，占 21.8%；想缩小差别但不知道该怎么做或没有时间和精力的分别占 10.6% 和 6.6%。

附表 2.27 对存在差别的态度或行动

对存在差别的态度或行动	样本数（个）	占总样本的比重（%）	占有效样本的比重（%）
想缩小差别，但没有时间和精力	109	6.6	9.3
想缩小差别，但不知怎么做	176	10.6	15.1
努力缩小差别	360	21.8	30.9
似乎无所谓	522	31.5	44.7
有效样本合计	1167	70.6	100
缺失项	486	29.4	
合　计	1653	100	

（八）归属感认同度很高

绝大多数流动人口愿意与本地人做邻居。其中，基本同意这一说法的有 49.5%，完全同意的占 46.6%；基本愿意与周围本地人交朋友的占49.4%，完全同意此观点的占46.9%；基本愿意融入社区的占48.4%，完全同意的占47.2%；基本对城市有归属感的占53.7%，完全同意的占33%；基本愿意自己或亲人与本地通婚的占48.2%，完全愿意的占36.7%；基本同意本地人愿意接受我成为其中一员的占59.1%，完全同意的占30%；不同意“本地人不愿与我做邻居的”占51.1%，完全不同意的占16.9%；不同意“感觉本地人不喜欢、看不起外地人”的占47.7%，完全不同意的占16.5%。

附表2.28　　归属感认同

归属感认同		完全不同意	不同意	基本同意	完全同意	合　计
我愿意与本地人做邻居	样本数	28	36	818	771	1653
	占比（%）	1.7	2.1	49.5	46.6	100
我愿意与我周围的本地人交朋友	样本数	31	29	817	776	1653
	占比（%）	1.9	1.7	49.4	46.9	100
我愿意融入社区/单位，成为其中的一员	样本数	30	42	801	780	1653
	占比（%）	1.8	2.5	48.4	47.2	100
我对目前居住的城市有归属感	样本数	37	181	889	546	1653
	占比（%）	2.2	10.9	53.7	33	100
我愿意自己或亲人与本地人通婚	样本数	95	154	797	608	1653
	占比（%）	5.7	9.3	48.2	36.7	100
我觉得本地人愿意接受我成为其中一员	样本数	45	135	977	496	1653
	占比（%）	2.7	8.1	59.1	30	100
我感觉本地人不愿与我做邻居	样本数	280	845	435	93	1653
	占比（%）	16.9	51.1	26.3	5.6	100
我感觉本地人不喜欢/看不起外地人	样本数	273	789	473	119	1653
	占比（%）	16.5	47.7	28.6	7.2	100

四、融合意愿

（一）过半数流动人口感觉与本地人相处融洽

过半流动人口认为自己或家人与本地人相处融洽。调查显示，认为自己或家人与本地人相处得很融洽的有422人，占样本总量的25.5%；相处比较融洽的有637个，占样本总量的38.5%；相处一般的有479个，占样本总量的29.0%；认为相处不融洽或很少来往的分别有4个和111个，占比分别为0.3%和6.7%。

附表2.29　　感觉与本地人相处情况

感觉与本地人相处情况	样本数（个）	占总样本的比重（%）
很融洽	422	25.5
比较融洽	637	38.5
一　般	479	29.0
不融洽	4	0.3
来往很少	111	6.7
合　计	1653	100

1. 教育程度对与本地人相处的影响不是很大

教育程度对与本地人相处的影响不是很大。其中，大学专科学历流动人口感觉与本地人相处最好，很融洽的样本为41个，占大学专科样本的30.6%；比较融合的有53个，占39.6%；研究生学历的流动人口没有与本地人相处不融洽、来往很少的。

附表 2.30　　感觉与本地人相处情况（按教育程度分）

按教育程度分		感觉与本地人相处好不好					合　计
		很融洽	比较融洽	一般	不融洽	来往很少	
未上过学	样本数	3	8	9	0	2	22
	占比（%）	13.6	36.4	40.9	0	9.1	100
小　学	样本数	43	70	58	0	3	174
	占比（%）	24.7	40.2	33.3	0	1.7	100
初　中	样本数	196	318	226	3	55	798
	占比（%）	24.6	39.8	28.3	0.4	6.9	100
高　中	样本数	60	87	64	1	20	232
	占比（%）	25.9	37.5	27.6	0.4	8.6	100
中　专	样本数	38	49	50	0	13	150
	占比（%）	25.3	32.7	33.3	0	8.7	100
大学专科	样本数	41	53	28	0	12	134
	占比（%）	30.6	39.6	20.9	0	9.0	100
大学本科	样本数	37	46	40	0	6	129
	占比（%）	28.7	35.7	31.0	0	4.7	100
研究生	样本数	3	6	6	0	0	15
	占比（%）	20.0	40.0	40.0	0	0	100

2. 非农业户口与本地人相处更融洽

非农业户口比农业户口的流动人口感觉与本地人相处更融洽。调查显示，非农业户口样本中有 93 个样本与本地人相处很融洽，占非农业人口的 29.2%；相处比较融洽的占 37.6%；而农业户口样本中有 24.5% 与本地人相处很融洽，38.9% 与本地人相处比较融洽。

附表 2.31 感觉与本地人相处情况（按户口性质分）

按户口性质分		感觉与本地人相处好不好					合计
		很融洽	比较融洽	一般	不融洽	来往很少	
农业	样本数	326	516	386	4	96	1328
	占比（%）	24.5	38.9	29.1	0.3	7.2	100
非农业	样本数	93	120	92	0	14	319
	占比（%）	29.2	37.6	28.8	0	4.4	100
其他	样本数	3	2	2	0	1	8
	占比（%）	37.5	25.0	25.0	0	12.5	100

3. 再婚人群感觉与本地人相处更融洽

再婚流动人口感觉与本地人相处更融洽，未婚的与本地人来往很少。调查显示，样本中53.8%的再婚人员感觉与本地人相处很融洽，23.1%相处比较融洽；初婚和离婚样本与本地人相处也较好，其中，初婚人员感觉与本地人相处很融洽的比例为26.5%，比较融洽的占40.3%；离婚的相处很融洽的占16.7%，比较融洽的占50%；未婚的感觉与本地人来往很少的占13.5%，在按婚姻状况分的人群中比例最高。

附表 2.32 感觉与本地人相处情况（按婚姻状况分）

按婚姻状况分		感觉与本地人相处好不好					合计
		很融洽	比较融洽	一般	不融洽	来往很少	
未婚	样本数	83	128	122	1	52	386
	占比（%）	21.5	33.2	31.6	0.3	13.5	100
初婚	样本数	328	500	351	3	58	1240
	占比（%）	26.5	40.3	28.3	0.2	4.7	100
再婚	样本数	7	3	2	0	1	13
	占比（%）	53.8	23.1	15.4	0	7.7	100

续表

按婚姻状况分		感觉与本地人相处好不好					合 计
		很融洽	比较融洽	一般	不融洽	来往很少	
离 婚	样本数	2	6	4	0	0	12
	占比（%）	16.7	50.0	33.3	0	0	100
丧 偶	样本数	2	0	0	0	0	2
	占比（%）	100	0	0	0	0	100

4. 流入本地时间越长，感觉与本地人相处越融洽

流入本地时间越长，感觉与本地人相处越融洽。调查显示，2000年以前流入本地的样本有30%感觉与本地人相处很融洽，45%与本地人相处比较融洽；2000～2005年流入本地的样本中33.1%与本地人相处很融洽，41.2%与本地人相处比较融洽；2006～2010年流入本地的样本25.8%与本地人相处很融洽，39.7%相处比较融洽；2011～2013年流入本地的样本，20.9%与本地人相处很融洽，35.2%相处比较融洽，9.6%感觉与本地人来往很少。

附表2.33　感觉与本地人相处情况（按本次流入本地时间分）

按本次流入本地时间分		感觉与本地人相处好不好					合 计
		很融洽	比较融洽	一般	不融洽	来往很少	
2000年以前	样本数	24	36	19	0	1	80
	占比（%）	30.0	45.0	23.8	0	1.3	100
2000～2005年	样本数	103	128	62	1	17	311
	占比（%）	33.1	41.2	19.9	0.3	5.5	100
2006～2010年	样本数	166	255	186	3	33	643
	占比（%）	25.8	39.7	28.9	0.5	5.1	100
2011～2013年	样本数	130	219	213	1	60	623
	占比（%）	20.9	35.2	34.2	0.2	9.6	100

（二）过半数有长期居住意愿

过半流动人口打算在本地长期居住。调查显示，970 人打算在本地长期居住，占样本总量的 58.6%。

1. 教育程度越高，在本地长期居住意愿越明显

流动人口学历越高，打算在本地长期居住的比例越高。调查显示，研究生打算在本地长期居住的比例占 86.7%；大学专科和大学本科次之，打算在本地长期居住的比例分别为 76.9% 和 75.2%；小学学历流动人口打算在本地长期居住的比例最低，为 52.3%。

附表 2.34　　在本地长期居住意愿（按教育程度分）

按教育程度分		是否打算在本地长期居住		合　计
		是	否	
未上过学	样本数	14	8	22
	占比（%）	63.6	36.4	100
小　学	样本数	91	83	174
	占比（%）	52.3	47.7	100
初　中	样本数	436	363	799
	占比（%）	54.6	45.4	100
高　中	样本数	136	95	231
	占比（%）	58.9	41.1	100
中　专	样本数	81	69	150
	占比（%）	54.0	46.0	100
大学专科	样本数	103	31	134
	占比（%）	76.9	23.1	100
大学本科	样本数	97	32	129
	占比（%）	75.2	24.8	100
研究生	样本数	13	2	15
	占比（%）	86.7	13.3	100

2. 非农业户口更倾向于在本地长期居住

非农业人口打算在本地长期居住的比例较高。调查显示，非农业人口打算在本地长期居住的比例占72%；农业人口打算在本地长期居住的比例为55.4%。

附表2.35　　在本地长期居住意愿（按户口性质分）

按户口性质分		是否打算在本地长期居住		合　计
		是	否	
农　业	样本数	736	592	1328
	占比（%）	55.4	44.6	100
非农业	样本数	229	89	318
	占比（%）	72.0	28.0	100
其　他	样本数	5	2	7
	占比（%）	71.4	28.6	100

3. 已婚人群更愿意在本地长期居住

已婚流动人口打算在本地长期居住的比例高于未婚。调查显示，初婚人群打算在本地长期居住的比例占61.9%；再婚的占61.5%；丧偶的全都打算在本地长期居住；未婚的仅占47.8%。

附表2.36　　在本地长期居住意愿（按婚姻状况分）

按婚姻状况分		是否打算在本地长期居住		合　计
		是	否	
未　婚	样本数	184	201	385
	占比（%）	47.8	52.2	100
初　婚	样本数	768	473	1241
	占比（%）	61.9	38.1	100
再　婚	样本数	8	5	13
	占比（%）	61.5	38.5	100

续表

按婚姻状况分		是否打算在本地长期居住		合　计
		是	否	
离　婚	样本数	7	5	12
	占比（%）	58.3	41.7	100
丧　偶	样本数	2	0	2
	占比（%）	100	0	100

4. 流入本地时间越长，越倾向于在本地长期居住

流入本地时间越久，打算在本地长期居住的人群比例越高。调查显示，2000 年前流入本地的人口中 74.7% 打算在本地长期居住；2000～2005 年流入本地的人口中 70% 打算在本地长期居住；2006～2010 年流入的有 62.9% 愿意长期居住，2011～2013 年流入的则只有 46.7% 有长期居住意愿。

附表 2.37　在本地长期居住意愿（按本次流入本地时间分）

按本次流入本地时间分		是否打算在本地长期居住		合　计
		是	否	
2000 年以前	样本数	59	20	79
	占比（%）	74.7	25.3	100
2000～2005 年	样本数	219	94	313
	占比（%）	70.0	30.0	100
2006～2010 年	样本数	403	238	641
	占比（%）	62.9	37.1	100
2011～2013 年	样本数	291	332	623
	占比（%）	46.7	53.3	100

（三）回户籍地的村、镇建（购）房及在本地购房的比例较高

回户籍地的村、镇建房的流动人口较多，其次为回户籍地的县镇购房及在本地购房。调查显示，回户籍地的村或乡镇建房的样本最多，有515个，占样本总量的31.2%；回户籍地县（市、区）或乡镇购房的有355个，占21.5%；打算在本地购房的也占到21.5%；没有打算购房的占21.4%。而打算回户籍地所属地级市及以上城市购房的流动人口则较少。

附表2.38　　购房计划情况

购房计划情况	样本数（个）	占总样本的比重（%）
回户籍地的村或乡镇建房	515	31.2
回户籍地的县（市、区）或乡镇购房	355	21.5
回户籍地所属的地级市购房	41	2.5
回户籍地所在省的省会城市购房	23	1.4
在本地购房	356	21.5
没有打算	353	21.4
其　他	9	0.5
合　计	1653	100

1. 学历越高，越倾向于在本地购房

回户籍地的村、镇建（购）房的人口比例随学历提高而下降，在本地购房的比例则随学历提高而增长。调查显示，未上过学的回户籍地的村或乡镇建房的占47.8%，小学程度的回户籍地的村或乡镇建房的占44.3%；大学本科、研究生在本地购房的比例分别为50.4%、50.0%。

附表 2.39　　购房计划情况（按教育程度分）

按教育程度分		未来打算在哪里购房							合　计
		回户籍地的村或乡镇建房	回户籍地的县(市、区)或乡镇购房	回户籍地所属的地级市购房	回户籍地所在省的省会城市购房	在本地购房	没有打算	其　他	
未上过学	样本数	11	1	1	0	4	6	0	23
	占比（%）	47.8	4.3	4.3	0	17.4	26.1	0	100
小　学	样本数	77	34	3	0	22	37	1	174
	占比（%）	44.3	19.5	1.7	0	12.6	21.3	0.6	100
初　中	样本数	280	205	14	5	122	170	2	798
	占比（%）	35.1	25.7	1.8	0.6	15.3	21.3	0.3	100
高　中	样本数	69	51	13	5	49	42	2	231
	占比（%）	29.9	22.1	5.6	2.2	21.2	18.2	0.9	100
中　专	样本数	44	31	7	2	30	35	2	151
	占比（%）	29.1	20.5	4.6	1.3	19.9	23.2	1.3	100
大学专科	样本数	19	20	2	6	57	29	1	134
	占比（%）	14.2	14.9	1.5	4.5	42.5	21.6	0.7	100
大学本科	样本数	12	12	1	6	65	31	2	129
	占比（%）	9.3	9.3	0.8	4.7	50.4	24.0	1.6	100
研究生	样本数	3	1	0	0	7	3	0	14
	占比（%）	21.4	7.1	0	0	50.0	21.4	0	100

2. 非农业户口更倾向于在本地购房

农业人口倾向于回户籍地的村、镇购房，非农业人口则愿意在本地购房。调查显示，农业人口回户籍地的村或乡镇建房的比例为35%，回户籍地的县或乡镇购房的比例为23.2%，在本地购房的比例为16.1%；非农业人口中，15.4%打算回户籍地的村或乡镇建房，回户籍地县或乡镇购房比例为14.7%，打算在本地购房的比例为43.9%。

附表 2.40　　购房计划情况（按户口性质分）

按户口性质分		未来打算在哪里购房							合　计
		回户籍地的村或乡镇建房	回户籍地的县(市、区)或乡镇购房	回户籍地所属的地级市购房	回户籍地所在省的省会城市购房	在本地购房	没有打算	其　他	
农　业	样本数	465	308	35	17	214	284	6	1329
	占比（%）	35.0	23.2	2.6	1.3	16.1	21.4	0.5	100
非农业	样本数	49	47	7	7	140	66	3	319
	占比（%）	15.4	14.7	2.2	2.2	43.9	20.7	0.9	100
其　他	样本数	1	1	0	0	2	3	0	7
	占比（%）	14.3	14.3	0	0	28.6	42.9	0	100

3. 已婚人员更倾向于建房或购房

已婚流动人口打算购房的比例高于未婚流动人口。调查显示，未婚人口中有27%的样本没有购房打算；初婚人口中打算回户籍地村或乡镇建房的比例最高，占32%，再婚的回户籍地村或乡镇建房的占50%；离婚样本中没有买房打算的最多，占33.3%；丧偶的两人都打算在本地购房。

4. 流入本地时间越长，越倾向于在本地购房

流入本地时间越早，越倾向于在本地购房。调查显示，2000年以前流入的样本中29.8%打算在本地购房；2000～2005年、2006～2010年、2011～2013年打算在本地购房的人数比例依次降低为27.9%、24.6%、13.8%。四个时间段，回户籍地的村或乡镇建房的人群比例则呈提高态势，分别为26.2%、30.4%、30.1%、33.1%。

附表 2.41　　购房计划情况（按婚姻状况分）

按婚姻状况分		未来打算在哪里购房							合　计
		回户籍地的村或乡镇建房	回户籍地的县(市、区)或乡镇购房	回户籍地所属的地级市购房	回户籍地所在省的省会城市购房	在本地购房	没有打算	其　他	
未　婚	样本数	110	93	10	11	55	104	2	385
	占比（%）	28.6	24.2	2.6	2.9	14.3	27.0	0.5	100
初　婚	样本数	397	257	30	12	295	244	6	1241
	占比（%）	32.0	20.7	2.4	1.0	23.8	19.7	0.5	100
再　婚	样本数	7	2	2	0	1	1	1	14
	占比（%）	50.0	14.3	14.3	0	7.1	7.1	7.1	100
离　婚	样本数	2	3	0	0	3	4	0	12
	占比（%）	16.7	25.0	0	0	25.0	33.3	0	100
丧　偶	样本数	0	0	0	0	2	0	0	2
	占比（%）	0	0	0	0	100	0	0	100

附表 2.42　　购房计划情况（按本次流入本地时间分）

按本次流入本地时间分		未来打算在哪里购房							合　计
		回户籍地的村或乡镇建房	回户籍地的县(市、区)或乡镇购房	回户籍地所属的地级市购房	回户籍地所在省的省会城市购房	在本地购房	没有打算	其　他	
2000 年以前	样本数	22	12	5	1	25	18	1	84
	占比（%）	26.2	14.3	6.0	1.2	29.8	21.4	1.2	100
2000 ~ 2005 年	样本数	95	60	6	2	87	58	4	312
	占比（%）	30.4	19.2	1.9	0.6	27.9	18.6	1.3	100
2006 ~ 2010 年	样本数	193	120	15	7	158	145	4	642
	占比（%）	30.1	18.7	2.3	1.1	24.6	22.6	0.6	100
2011 ~ 2013 年	样本数	207	166	17	14	86	133	2	625
	占比（%）	33.1	26.6	2.7	2.2	13.8	21.3	0.3	100

（四）过半数认为自己是老家人

大部分流动人口依然认为自己是老家人。调查显示，认为自己是流出地（老家）人的样本有 1034 个，占样本总量的 62.5%；认为自己是新本地人的有 503 个，占 30.4%；认为自己是本地人的只有 3.4%；不知道自己是哪里人的占 3.6%。

附表 2.43　　认为自己现在是哪里人

认为自己现在是哪里人	样本数（个）	占总样本的比重（%）
是本地人	56	3.4
是新本地人	503	30.4
是流出地（老家）人	1034	62.5
不知道自己是哪里人	60	3.6
合　计	1653	100

1. 学历越高，认为自己是（新）本地人的比例越高

学历越高，认为自己是（新）本地人的比例越高；学历越低，认为自己是老家人的比例越高。调查显示，小学学历的人群中仅有 2.9% 认为自己是本地人、27.6% 认为自己是新本地人，研究生学历则有 13.3% 认为自己是本地人、40% 认为自己是新本地人；小学学历的人群中有 67.2% 认为自己是老家人，研究生学历只有 40% 认为自己是老家人。

附表 2.44　　认为自己现在是哪里人（按教育程度分）

按教育程度分		认为自己现在是哪里人				合　计
		是本地人	是新本地人	是流出地（老家）人	不知道自己是哪里人	
未上过学	样本数	1	7	14	0	22
	占比（%）	4.5	31.8	63.6	0	100
小　学	样本数	5	48	117	4	174
	占比（%）	2.9	27.6	67.2	2.3	100
初　中	样本数	23	222	531	23	799
	占比（%）	2.9	27.8	66.5	2.9	100
高　中	样本数	7	75	139	10	231
	占比（%）	3.0	32.5	60.2	4.3	100
中　专	样本数	4	32	106	7	149
	占比（%）	2.7	21.5	71.1	4.7	100
大学专科	样本数	8	59	61	6	134
	占比（%）	6.0	44.0	45.5	4.5	100
大学本科	样本数	6	55	60	8	129
	占比（%）	4.7	42.6	46.5	6.2	100
研究生	样本数	2	6	6	1	15
	占比（%）	13.3	40.0	40.0	6.7	100

2. 农业人口多认为自己是老家人，非农业人口多认为自己是（新）本地人

与非农业人口相比，农业人口认为自己是流出地人的比例较高，认为自己是（新）本地人的比例较低。调查显示，农业人口有874人认为自己是流出地人，占样本总量的65.8%，认为自己是本地人、新本地人的比例分别为2.7%、28.5%；非农业人口中，认为自己是流出地人的有49.4%，认为自己是本地人、新本地人的比

例分别为6%、38.7%。

附表2.45　　认为自己现在是哪里人（按户口性质分）

按户口性质分		认为自己现在是哪里人				合　计
		是本地人	是新本地人	是流出地（老家）人	不知道自己是哪里人	
农　业	样本数	36	378	874	40	1328
	占比（%）	2.7	28.5	65.8	3.0	100
非农业	样本数	19	123	157	19	318
	占比（%）	6.0	38.7	49.4	6.0	100
其　他	样本数	1	2	3	1	7
	占比（%）	14.3	28.6	42.9	14.3	100

3. 未婚人口多认为自己是流出地人

未婚流动人口认为自己是流出地人的比例较高。调查发现，未婚人群有70.9%认为自己是流出地人，再婚人口认为自己是流出地人的比例最低，为42.9%；再婚样本和丧偶样本认为自己是新本地人的比例都为50%；初婚样本认为自己是流出地人的比例占60.2%，认为自己是新本地人的占32.3%，认为自己是本地人的占3.9%。

附表2.46　　认为自己现在是哪里人（按婚姻状况分）

按婚姻状况分		认为自己现在是哪里人				合　计
		是本地人	是新本地人	是流出地（老家）人	不知道自己是哪里人	
未　婚	样本数	7	93	273	12	385
	占比（%）	1.8	24.2	70.9	3.1	100
初　婚	样本数	48	401	747	45	1241
	占比（%）	3.9	32.3	60.2	3.6	100
再　婚	样本数	0	7	6	1	14
	占比（%）	0	50.0	42.9	7.1	100

续表

按婚姻状况分		认为自己现在是哪里人				合　计
		是本地人	是新本地人	是流出地（老家）人	不知道自己是哪里人	
离　婚	样本数	1	2	8	1	12
	占比（%）	8.3	16.7	66.7	8.3	100
丧　偶	样本数	0	1	1	0	2
	占比（%）	0	50.0	50.0	0	100

4. 流入本地时间越长，越认为自己是新本地人

流入本地时间越早，越认为自己是新本地人，而非流出地人。调查发现，2000 年以前的样本 51.9% 认为自己是新本地人，44.4%认为自己是流出地人；2000～2005 年流入的样本 37.3% 认为自己是新本地人，52.4%认为自己是流出地人；2006～2010 年流入的样本 32.1% 认为自己是新本地人，60.8% 认为自己是流出地人；2011～2013 年流入的有 22.7%认为自己是新本地人，71.9%认为自己是流出地人。

附表 2.47　认为自己现在是哪里人（按本次流入本地时间分）

按本次流入本地时间分		认为自己现在是哪里人				合　计
		是本地人	是新本地人	是流出地（老家）人	不知道自己是哪里人	
2000 年以前	样本数	2	42	36	1	81
	占比（%）	2.5	51.9	44.4	1.2	100
2000～2005 年	样本数	15	116	163	17	311
	占比（%）	4.8	37.3	52.4	5.5	100
2006～2010 年	样本数	22	205	388	23	638
	占比（%）	3.4	32.1	60.8	3.6	100
2011～2013 年	样本数	17	141	447	17	622
	占比（%）	2.7	22.7	71.9	2.7	100

（五）绝大部分愿意把户口迁入本地

如果没有任何限制，大部分流动人口愿意把户口迁入本地。调查显示，愿意迁户的样本有1219个，占样本总量的73.7%。其余的则不愿意迁户。

1. 学历越高，将户口迁入本地的意愿越强

学历越高越愿意将户口迁入本地。调研发现，教育程度从未上过学到研究生，愿意迁户的比例由63.6%增至93.3%。

附表2.48　　户口迁入本地的意愿（按教育程度分）

按教育程度分		若无限制，是否愿意将户口迁入本地		合　计
		是	否	
未上过学	样本数	14	8	22
	占比（%）	63.6	36.4	100
小　学	样本数	123	51	174
	占比（%）	70.7	29.3	100
初　中	样本数	568	231	799
	占比（%）	71.1	28.9	100
高　中	样本数	165	66	231
	占比（%）	71.4	28.6	100
中　专	样本数	110	40	150
	占比（%）	73.3	26.7	100
大学专科	样本数	114	20	134
	占比（%）	85.1	14.9	100
大学本科	样本数	112	17	129
	占比（%）	86.8	13.2	100
研究生	样本数	14	1	15
	占比（%）	93.3	6.7	100

2. 非农业人口更愿意将户口迁入本地

非农业人口比农业人口更愿意将户口迁入本地。调查显示，非农业户口中82.8%愿意将户口迁入本地，农业户口则只有71.5%。

附表2.49　　户口迁入本地的意愿（按户口性质分）

按户口性质分		若无限制，是否愿意将户口迁入本地		合　计
		是	否	
农　业	样本数	950	378	1328
	占比（%）	71.5	28.5	100
非农业	样本数	264	55	319
	占比（%）	82.8	17.2	100
其　他	样本数	6	2	8
	占比（%）	75.0	25.0	100

3. 未婚和再婚的流动人口迁户意愿最低

未婚和再婚的流动人口迁户意愿最低。调查显示，离婚人群愿意将户口迁入本地的占83.3%；初婚的有76%；未婚、再婚人群愿意迁户的比例最低，分别为66.8%、61.5%。

附表2.50　　户口迁入本地的意愿（按婚姻状况分）

按婚姻状况分		若无限制，是否愿意将户口迁入本地		合　计
		是	否	
未　婚	样本数	257	128	385
	占比（%）	66.8	33.2	100
初　婚	样本数	942	298	1240
	占比（%）	76.0	24.0	100
再　婚	样本数	8	5	13
	占比（%）	61.5	38.5	100

续表

按婚姻状况分		若无限制，是否愿意将户口迁入本地		合 计
		是	否	
离 婚	样本数	10	2	12
	占比（%）	83.3	16.7	100
丧 偶	样本数	2	0	2
	占比（%）	100	0	100

4. 迁户意愿随流入本地时间增长而增强

本次流入本地时间越长，越愿意将户口迁入本地，但差别不明显。调查发现，2000 年以前愿意迁户的样本占 79.7%；2000 ~ 2005 年愿意迁户的占 79.7%；2006 ~ 2010 年流入的愿意迁户的占 76.5%；2011 ~ 2013 流入的愿意迁户的占 67%。

附表 2.51　户口迁入本地的意愿（按本次流入本地时间分）

按本次流入本地时间分		若无限制，是否愿意将户口迁入本地		合 计
		是	否	
2000 年以前	样本数	63	16	79
	占比（%）	79.7	20.3	100
2000 ~ 2005 年	样本数	248	63	311
	占比（%）	79.7	20.3	100
2006 ~ 2010 年	样本数	489	150	639
	占比（%）	76.5	23.5	100
2011 ~ 2013 年	样本数	418	206	624
	占比（%）	67.0	33.0	100

（六）近半数流动人口愿意将家庭成员带到本地

未来 3 年内，近半数流动人口愿意将家庭成员带到本地。调查显示，打算带一部分家庭成员来本地的样本有 518 个，占 31.3%；不打算带来的有 454 个样本，占总样本的 27.4%；样本家庭成员已都在本地的有 315 个，占总样本的 19%；打算全部带来的有 300 个，占 18.1%；打算视情况而定的仅占 4%。

附表 2.52　　未来 3 年家庭成员安排

未来 3 年，是否打算把家里人带到本地	样本数（个）	占总样本的比重（%）
已都在本地	315	19.1
是，全部都带来	300	18.1
是，带一部分来	518	31.3
否	454	27.5
视情况而定	66	4.0
合　计	1653	100

1. 学历越高，越倾向于把家里人带到本地

学历较高的流动人口，把家里人带来本地或者已在本地的比例也相对较高。调查发现，研究生学历人口中家里人已在本地的比例最高，为 40%，计划未来 3 年把家里人都带到本地的比例为 13.3%，带一部分来的比例为 33.3%；不打算把家里人带到本地比例最高的是中专学历样本，占中专样本的 36.7%。

附表 2.53　　未来 3 年家庭成员安排（按教育程度分）

按教育程度分		未来 3 年，是否打算把家里人带到本地					合　计
		已都在本地	是，全部都带来	是，带一部分来	否	视情况而定	
未上过学	样本数	4	7	7	3	1	22
	占比（%）	18.2	31.8	31.8	13.6	4.5	100
小　学	样本数	36	33	45	55	7	176
	占比（%）	20.5	18.8	25.6	31.2	4.0	100

续表

按教育程度分		未来3年，是否打算把家里人带到本地					合 计
		已都在本地	是，全部都带来	是，带一部分来	否	视情况而定	
初 中	样本数	144	138	273	212	31	798
	占比（%）	18.0	17.3	34.2	26.6	3.9	100
高 中	样本数	39	40	78	65	9	231
	占比（%）	16.9	17.3	33.8	28.1	3.9	100
中 专	样本数	29	17	43	55	6	150
	占比（%）	19.3	11.3	28.7	36.7	4.0	100
大学专科	样本数	31	33	32	32	6	134
	占比（%）	23.1	24.6	23.9	23.9	4.5	100
大学本科	样本数	27	31	36	29	7	130
	占比（%）	20.8	23.8	27.7	22.3	5.4	100
研究生	样本数	6	2	5	2	0	15
	占比（%）	40.0	13.3	33.3	13.3	0	100

2. 非农业人口更倾向于家里人都在本地

非农业流动人口目前家里人已在本地和计划全部带来的比例较高。调查发现，农业户口人口中家人已都在本地的占17.3%，非农业户口的占26.3%；农业人口未来三年打算把家人全部带到本地的占17.8%，非农业人口的占19.7%；农业人口打算带一部分的比例占32.6%，非农业人口的占26%；农业户口样本中不打算把家人带到本地的比例占28.5%，非农业人口的占23.2%。

3. 已婚人群更愿意把家里人带到本地

已婚流动人口未来3年愿意把家人带到本地的意愿更强。调查显示，未婚流动人中不打算把家里带到本地的占46.5%；初婚样本愿意把家里一部分人带到本地的较多，占31.9%；再婚的打算带一部分来的比例占38.5%；离婚样本中有一半不打算把家里人带来本地；丧偶的两个样本一个打算把家里人全部带来，一个打算带来一部分家人。

附表2.54　　未来3年家庭成员安排（按户口性质分）

按户口性质分		未来3年，是否打算把家里人带到本地					合　计
		已都在本地	是，全部都带来	是，带一部分来	否	视情况而定	
农　业	样本数	229	236	433	378	51	1327
	占比（%）	17.3	17.8	32.6	28.5	3.8	100
非农业	样本数	84	63	83	74	15	319
	占比（%）	26.3	19.7	26.0	23.2	4.7	100
其　他	样本数	2	1	2	2	0	7
	占比（%）	28.6	14.3	28.6	28.6	0	100

附表2.55　　未来3年家庭成员安排（按婚姻状况分）

按婚姻状况分		未来3年，是否打算把家里人带到本地					合　计
		已都在本地	是，全部都带来	是，带一部分来	否	视情况而定	
未　婚	样本数	33	42	114	179	17	385
	占比（%）	8.6	10.9	29.6	46.5	4.4	100
初　婚	样本数	279	254	396	267	45	1241
	占比（%）	22.5	20.5	31.9	21.5	3.6	100
再　婚	样本数	1	1	5	2	4	13
	占比（%）	7.7	7.7	38.5	15.4	30.8	100
离　婚	样本数	2	2	2	6	0	12
	占比（%）	16.7	16.7	16.7	50.0	0	100
丧　偶	样本数	0	1	1	0	0	2
	占比（%）	0	50.0	50.0	0	0	100

4. 本次流入本地时间越长，越倾向于把家里人带到本地

本次流入本地时间越早，家里人在本地和计划全部带来的比例越高。调查发现，2000 年以前已都在本地的占 28.8%，而 2011 ~ 2013 年流入本地的，只有 11.1% 的样本家人已在本地。打算把家人带到本地的，2000 年以前流入的，打算 3 年内把家人全部带来的样本比例占 25%，2011 ~ 2013 年流入本地的只有 14.4%；不打算带到本地的样本比例也由 2000 年以前流入的 18.8% 增加到 2011 ~ 2013 年流入本地的 39.8%。

附表 2.56　未来 3 年家庭成员安排（按本次流入本地时间分）

按本次流入本地时间分		未来 3 年，是否打算把家里人带到本地					合　计
		已都在本地	是，全部都带来	是，带一部分来	否	视情况而定	
2000 年以前	样本数	23	20	20	15	2	80
	占比（%）	28.8	25.0	25.0	18.8	2.5	100
2000 ~ 2005 年	样本数	83	74	90	45	17	309
	占比（%）	26.9	23.9	29.1	14.6	5.5	100
2006 ~ 2010 年	样本数	140	113	214	148	25	640
	占比（%）	21.9	17.7	33.4	23.1	3.9	100
2011 ~ 2013 年	样本数	69	90	195	248	21	623
	占比（%）	11.1	14.4	31.3	39.8	3.4	100

（七）未来养老多打算靠自己、回户籍地的村镇

未来养老打算靠自己的最多。调查显示，未来养老首选靠自己的有 1303 个样本，占样本总量的 78.8%。打算靠儿女和政府的比例随选择的先后有所上升，第三位选择靠儿子的比例占 31.1%，靠

女儿的比例占21.1%；靠政府的比例占19.3%。

附表2.57　　未来养老打算

未来养老打算	第一位		第二位		第三位	
	样本量（个）	占比（%）	样本量（个）	占比（%）	样本量（个）	占比（%）
无效数据	0	0	107	6.5	183	11
靠自己	1303	78.8	170	10.3	79	4.8
靠政府	109	6.6	716	43.3	320	19.3
靠儿子	116	7	519	31.4	514	31.1
靠女儿	12	0.7	114	6.9	350	21.1
还没考虑	114	6.9	26	1.6	208	12.5
合　计	1653	100	1653	100	1653	100

打算回户籍地的村、镇养老的流动人口最多。调查显示，打算回户籍地村或乡镇养老的样本有691个，占样本总量的41.8%；打算回户籍地县（市、区）或乡镇养老的有317个，占19.1%；打算在本地养老的样本有250个，占15.1%；没有打算的则占19.9%。

附表2.58　　将来打算在哪里养老

将来打算在哪里养老	样本数（个）	占总样本的比重（%）
回户籍地的村或乡镇养老	691	41.8
回户籍地的县（市、区）或乡镇养老	317	19.2
回户籍地所属的地级市养老	41	2.5
回户籍地所在省的省会城市养老	26	1.5
在本地养老	250	15.1
没有打算	329	19.9
合　计	1653	100

参考文献
References

[1] 国务院发展研究中心课题组，侯云春，韩俊，蒋省三，何宇鹏，金三林．农民工市民化进程的总体态势与战略取向．改革，2011（5）

[2] 国务院发展研究中心课题组．农民工市民化制度创新与顶层政策设计．北京：中国发展出版社，2011

[3] 国务院发展研究中心课题组，刘世锦，陈昌盛，许召元，崔小勇．农民工市民化对扩大内需和经济增长的影响．经济研究，2010（6）

[4] 蔡昉．中国人口与劳动问题报告 No. 8 刘易斯转折点及其政策挑战．北京：社会科学文献出版社，2007

[5] 蔡昉．农民工市民化与新消费者的成长．中国社会科学院研究生院学报，2011（3）

[6] 陈端计．快速工业化地区农民工文化消费问题及提升对策探讨——以东莞市为例．消费经济，2012（4）

[7] 褚荣伟，张晓冬．中国农民工消费市场解读——金字塔底层的财富．经济理论与经济管理，2011（7）

[8] 邓智平，黄卓宁．融入城市的仪式——麦当劳消费对青年民工的意义．青年探索，2006（5）

[9] 韩俊．中国农民工战略问题研究．上海：上海远东出版社，2009

[10] 侯慧丽．城市农业和非农业流动人口对医疗服务的使用与医疗消费的比较分析．中国卫生经济，2008（10）

[11] 胡书芝，吴新慧．生存在边缘——对青年民工社会融入状况的社会学分析．青年探索，2004（2）

[12] 纪韶，李舒丹. 城市化进程中农民工生活方式的转变——以北京市为例. 广东社会科学，2010（2）

[13] 金三林，我国劳动力成本上升的成因及趋势. 经济纵横，2013（2）

[14] 粟娟，孔祥利，钟小草. 医疗保险制度、行政效率与农民工消费的相关性研究. 统计与决策，2013（9）

[15] 李强. 中国外出农民工及其汇款之研究. 社会学研究，2001（4）

[16] 李善同等. 农民工在城市的就业、收入与公共服务——城市贫困的视角. 东亚论文，2008（64）

[17] 李晓峰，王晓方，高旺盛. 基于 ELES 模型的北京市农民工消费结构实证研究. 农业经济问题，2008（4）

[18] 李凯，曹广忠. 农民工家庭城乡消费决策的影响因素——基于东部 9 城市抽样调查数据的分析. 人口与发展，2012（5）

[19] 刘靖. 农民工家庭迁移模式与消费支出研究——来自北京市的调查证据. 江汉论坛，2013（7）

[20] 刘程，邓蕾，黄春桥. 农民进城务工经历对其家庭生活消费方式的影响——来自湖北、四川、江西三省的调查. 青年研究，2004（7）

[21] 刘伟. 基于 WLS 的中国农民工消费影响因素分析. 统计与决策，2011（13）

[22] 潘洪涛，陆林. 农民工消费的影响因素分析. 中国市场，2008（39）

[23] 沈蕾，田敬杰. 上海新生代农民工消费结构分析. 消费经济，2012（4）

[24] 粟娟，孔祥利. 中国农民工消费结构特征及市民化趋势分析——基于全国 28 省 1249 份有效样本数据检验. 统计与信息论坛，2012（12）

[25] 孙凤，王少国. 农民工消费能力研究. 学习与探索，2013（4）

[26] 王劲松. 关于农民工消费行为的社会学思考. 商场现代化，2007（31）

[27] 王蔚. 流动人口消费情况实证研究——对成都市温江区流动人口的调查与分析. 商业时代，2012（6）

[28] 王晓贞. 江苏省新生代城市农民工体育消费现状调查与分析. 上海体育学院学报，2010（1）

[29] 邢海燕，于伟，陈三妹. 两代农民工消费水平与消费结构的比较研究. 安徽农业科学，2012（25）

[30] 幸丽萍．城乡二元结构视角下的农民工消费研究．中国城市经济，2010（5）

[31] 徐志旻．进城农民工家庭的城市适应性——对福州市五区132户进城农民工家庭的调查分析与思考．福州大学学报（哲学社会科学版），2004（1）

[32] 严翅君．长三角城市农民工消费方式的转型——对长三角江苏八城市农民工消费的调查研究．江苏社会科学，2007（3）

[33] 严慧，夏辛萍．农民工消费行为考察——与下岗职工消费行为比较．消费导刊，2006（11）

[34] 杨善华，朱伟志．手机：全球化背景下的“主动”选择——珠三角地区农民工手机消费的文化和心态解读．广东社会科学，2006（2）

[35] 于丽敏，王国顺．农民工收入与消费问题的实证分析——以东莞为例．税务与经济，2009（5）

[36] 周林刚．地位结构、制度身份与农民工集体消费——基于深圳市的实证分析．中国人口科学，2007（4）